SCIENCE

少年

XEXUE YUANLAI ZHEYANGMEI

及科学知识，拓宽阅读视野，激发探索精神，培养科学热情。

追寻科学的脚步

★ 包罗各种科普知识，汇集大量精美插图，为你展现一个生动有趣的科普世界，让你体会发现之旅是多么有趣，探索之旅是多么神奇！

吉林出版集团

北方妇女儿童出版社

NEW

图书在版编目(CIP)数据

追寻科学的脚步 / 李慕南,姜忠喆主编.—长春：
北方妇女儿童出版社,2012.5(2021.4重印)
(青少年爱科学.科学原来这样美)
ISBN 978 - 7 - 5385 - 6293 - 4

Ⅰ.①追… Ⅱ.①李… ②姜… Ⅲ.①科学知识 - 青
年读物②科学知识 - 少年读物 Ⅳ.①Z228.2

中国版本图书馆 CIP 数据核字(2012)第 061593 号

追寻科学的脚步

出 版 人	李文学	
主　　编	李慕南　姜忠喆	
责任编辑	赵　凯	
装帧设计	王　萍	
出版发行	北方妇女儿童出版社	
地　　址	长春市人民大街 4646 号 邮编 130021	
	电话 0431 - 85662027	
印　　刷	北京海德伟业印务有限公司	
开　　本	690mm × 960mm　1/16	
印　　张	13	
字　　数	198 千字	
版　　次	2012 年 5 月第 1 版	
印　　次	2021 年 4 月第 2 次印刷	
书　　号	ISBN 978 - 7 - 5385 - 6293 - 4	
定　　价	27.80 元	

前　　言

　　科学是人类进步的第一推动力,而科学知识的普及则是实现这一推动力的必由之路。在新的时代,社会的进步、科技的发展、人们生活水平的不断提高,为我们青少年的科普教育提供了新的契机。抓住这个契机,大力普及科学知识,传播科学精神,提高青少年的科学素质,是我们全社会的重要课题。

　　一、丛书宗旨

　　普及科学知识,拓宽阅读视野,激发探索精神,培养科学热情。

　　科学教育,是提高青少年素质的重要因素,是现代教育的核心,这不仅能使青少年获得生活和未来所需的知识与技能,更重要的是能使青少年获得科学思想、科学精神、科学态度及科学方法的熏陶和培养。

　　科学教育,让广大青少年树立这样一个牢固的信念:科学总是在寻求、发现和了解世界的新现象,研究和掌握新规律,它是创造性的,它又是在不懈地追求真理,需要我们不断地努力奋斗。

　　在新的世纪,随着高科技领域新技术的不断发展,为我们的科普教育提供了一个广阔的天地。纵观人类文明史的发展,科学技术的每一次重大突破,都会引起生产力的深刻变革和人类社会的巨大进步。随着科学技术日益渗透于经济发展和社会生活的各个领域,成为推动现代社会发展的最活跃因素,并且成为现代社会进步的决定性力量。发达国家经济的增长点、现代化的战争、通讯传媒事业的日益发达,处处都体现出高科技的威力,同时也迅速地改变着人们的传统观念,使得人们对于科学知识充满了强烈渴求。

　　基于以上原因,我们组织编写了这套《青少年爱科学》。

　　《青少年爱科学》从不同视角,多侧面、多层次、全方位地介绍了科普各领域的基础知识,具有很强的系统性、知识性,能够启迪思考,增加知识和开阔视野,激发青少年读者关心世界和热爱科学,培养青少年的探索和创新精神,让青少年读者不仅能够看到科学研究的轨迹与前沿,更能激发青少年读者的科学热情。

　　二、本辑综述

　　《青少年爱科学》拟定分为多辑陆续分批推出,此为第二辑《科学原来这样

美》,以"美丽科学,魅力科学"为立足点,共分为 10 册,分别为:

1.《头脑风暴》

2.《有滋有味读科学》

3.《追寻科学家的脚步》

4.《我们身边的科学》

5.《幕后真相》

6.《一口气读完科普经典》

7.《神游未知世界》

8.《读美文,学科学》

9.《隐藏在谜语与谚语中的科学》

10.《名家笔下的科学世界》

三、本书简介

本册《追寻科学家的脚步》精心挑选出古今中外著名科学家的成才故事,以简明、流畅的语言展示了他们光辉的一生。他们有勤奋的头脑、不屈的精神和坚定的信念,他们所取得的成就如同历史天空的启明星,永远被人们所追求和敬仰。我们应当以他们为榜样,从他们的经历中汲取教益,提高自身素质,有意识地培养良好的学习、生活习惯,实现自己的人生价值,为祖国的发展和人类的进步做出应有的贡献。他们是时代的精英,是他们通过不懈的努力和奋斗推动着社会的发展,是他们的发现、发明和创造将人类文明推向更高的一层,影响着我们生活的方方面面。

本套丛书将科学与知识结合起来,大到天文地理,小到生活琐事,都能告诉我们一个科学的道理,具有很强的可读性、启发性和知识性,是我们广大读者了解科技、增长知识、开阔视野、提高素质、激发探索和启迪智慧的良好科普读物,也是各级图书馆珍藏的最佳版本。

本丛书编纂出版,得到许多领导同志和前辈的关怀支持。同时,我们在编写过程中还程度不同地参阅吸收了有关方面提供的资料。在此,谨向所有关心和支持本书出版的领导、同志一并表示谢意。

由于时间短、经验少,本书在编写等方面可能有不足和错误,衷心希望各界读者批评指正。

本书编委会

2012 年 4 月

目　　录

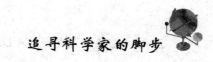

追寻张衡的脚步

张衡（78—139），字平子，东汉人，擅长天文、机械制造、辞赋。

公元 78 年，张衡出生于南阳郡西鄂县一个比较清苦的官僚家庭。环境的艰苦和生活的艰难激发了他艰苦奋斗的精神，他天资聪明，勤奋好学，不分酷暑严寒发奋读书，熟读了儒家经典。他从小就喜欢数天上的星星，天长日久，在家人的讲解中，认识了不少星座。十六七岁时他就开始到外地游学，"游于三辅，因入京师，观太学，遂通五经，贯六艺"，终成一代文化伟人。

张衡一生为官清廉公正，不与权奸同流合污，所以仕途并不顺利。他曾因上书建议裁抑宦官权臣，而遭到奸佞联合弹劾，被贬为河间太守。111 年，张衡被调回京师担任尚书一职，因此接触到了更多的黑暗与腐败，对社会深感悲愤与失望。于是，他专心致志从事科学研究，并取得了累累硕果。

张衡最杰出的成就是在天文方面，他继承和发展了浑天说，撰写了两部重要的天文学著作《灵宪》和《浑天仪图注》。在论著中他首次提出宇宙无限的观点，阐述了天地的形成、结构和日月星辰的运动本质，对月亮的盈缺和月食作出了科学的解释。117 年，张衡根据浑天说制成了世界上最早使用水力转动的浑天仪。这是世界上第一架能够比较准确地观测天象的浑天仪，是划时代的伟大发明，推动了中国天文事业的发展。据《晋书·天文志》记载，将浑天仪放在暗室中叫人按时间记录它的运转情况，同时叫人在天文台上观测天象，两相对照，什么时候出现什么星，竟然完全相符。1092 年，苏颂和韩公廉在他的启发下，创制了世界上最早的天文钟，这是中国古代最雄伟、最复杂的天文仪器。

在地震学上，张衡发明了世界上第一台地震仪——候风地动仪，这是张衡在浑天仪之外的另一个不朽的创造。地动仪全由青铜铸成，直径 8 尺，像一个大酒坛。周围铸有 8 条龙，头下尾上，按照东、南、西、北、东南、东北、西南、西北的方向排列着。龙头和仪器内部的机关相连，每条龙嘴里都含着一颗钢球。8 个龙头下，蹲着 8 只张着嘴的铜蟾蜍。地动仪内部有一根大铜柱，叫做都柱，都柱上粗下细，能够摇摆。都柱旁有 8 条通道，通道内安有机关，叫做牙机。一旦发生地震，都柱就会向地震的方向倾斜，触动通道中的牙机，而那个方向的龙头，就会张开嘴巴，吐出钢球，落在下面的蟾蜍嘴中，发出声响。据此，人们就可以知道地震的时间和方位。138 年，张衡利用地动仪准确测出发生在距洛阳千里外的甘南地区发生了地震，证实了地动仪的科学性。

地动仪比欧洲发明的地震仪早了 1700 多年，在人类地震学史上具有重大意义。

在气象领域，张衡还发明了类似国外的风信鸡的气象仪器——候风仪，比西方的风信鸡要早 1000 多年。

在其他很多领域张衡都颇有建树，他发明过指南车、会飞的木雕、水力推动的活动日晷等机械仪器。写过一部数学专著《算罔论》，还计算出圆周率是 3.1622，在 1800 年前，能有这样精密的计算，着实让人惊叹。张衡还研究过地理学，他绘制的地图流传了几百年。他还是东汉六大画家之一。在文学领域，他创作的《二京赋》，在形式和内容上把汉赋推向了一个高峰，被誉为"长编之极轨"，在中国文学史上占有重要地位。他写的抒情小赋《温泉赋》、《归田赋》等也极富文采，促进了汉赋的发展，对魏晋朝代抒情赋的发展产生了一定影响。张衡的新体七言诗《四愁诗》，也是脍炙人口的传世之作。

郭沫若先生曾经评价张衡："如此全面发展之人物，在世界史中亦所罕见"，"万祀千龄，令人敬仰。"张衡为人类文明的发展作出了巨大贡献。

追寻张仲景的脚步

张仲景（约 150—219），名机，字仲景，东汉南阳人。我国古代著名医学家，对中医诊断、治疗都作出了突出贡献，被后人誉为"医圣"。

张仲景从小就勤奋好学，读了很多书。当他在看过了扁鹊给人治病的故事后，很感动。他想："许多人只知道为自己打算，不管穷人的疾病和痛苦，我以后一定要像扁鹊那样，把救死扶伤、解除人民病痛当做自己的责任。"从此他便努力钻研医学，拜同乡名医张伯祖做老师，刻苦学习，年纪轻轻就掌握了丰富的医学知识。

张仲景生活在东汉的末期，当时张角领导了黄巾军农民起义，接着大地主、大军阀争权夺利，战争不断，田地荒芜，瘟疫（就是急性传染病，像痢疾、脑炎等）流行，天灾加人祸，弄得民不聊生。看到瘟疫每年都要夺去无数的生命，张仲景心里十分痛苦。他的宗族大家庭本来有两百多人，不到十年，将近三分之二的人却因此死去。张仲景便辞去官职，开始专心研究医学，给穷人看病，下决心要制伏瘟疫。

有一年夏天，湖南一带瘟疫大流行，此时恰好张仲景游历到这里。有个姓李的病人请张仲景去看病。他已经病了三四天了，头痛发烧，又无法大便，肚子胀得难受，连吃了两帖发汗药也不见效。张仲景问清病情，给他把了脉，发现脉跳得快而有力，看看舌苔，又黄又厚，摸摸他肚子，发现肚子也比较硬，在下腹部还隐隐约约摸到一颗一颗的小硬块。张仲景沉思了片刻，就对病人的母亲说："老大娘，您的儿子得的是伤寒症。（中医说的伤寒症，指的是霍乱、痢疾、流行性感冒、肺炎这一类急性传染病，不是西医所说的由传染性伤寒杆菌引起的肠伤寒病）。这种病起因是病邪侵入体内。起初病邪还在皮肤里的浅层，及时用点发汗药就可以治好。现在病邪已经深入到肠胃里面去了，再用发汗药，汗流得太多，身体吃不消，反而不好。这就不是对症下药了。不如这样，用凉药通通大便，倒可能把病邪给泻出去。"

病人的母亲一听，连声说："您说得对，您说得对!"张仲景就给病人开了药方。一帖药吃下去，病果然见轻了；再吃一帖，就能坐起来了。用"辨证施治"的方法，张仲景治好了无数得瘟疫病的病人。

张仲景不但勇于实践，还善于从实践中总结经验。

有一次，三个做小买卖的人在路上碰到了倾盆大雨，其中两个被雨淋病了，都来找张仲景看病。根据过去的经验，张仲景初步判断两人都得了感冒。于是给他们每人开了一帖麻黄汤，药量一模一样。第二天一早，张仲景先去看第二个病人。那个病人吃了药出了一身汗，已经好了一大半。张仲景嘱咐他再吃一帖药，再发点汗就会全好。再到第一个病人那里一看，这个病人吃了药确实也出了一身大汗，可是病不但没好，反而比昨天更厉害了。

张仲景觉得有些奇怪：两个人同样是头痛、发烧、咳嗽、鼻子不通，只是两个人脉跳的快慢有些不同，脉管的紧张程度也不一样，差别也不十分明显。思前想后，他才恍然大悟："哦！对啦！我没有注意到一个有汗，一个没有汗。没有汗的病人，吃了药发点汗就好了。另一个病人原来已经出汗了，吃了药又出了不少汗，可能是汗出得太厉害了。"于是张仲景决定给病人服用一种叫桂枝汤的汤药。病人服用了这种药，果然好起来了。此后，张仲景再碰到感冒的病人，先仔细加以区别，然后再进行治疗。

张仲景在医学方面不墨守成规，善于学习，勇于创新，发明了许多独到的医疗技术。

有个人上吊已经断气，大家都认为这个人没有生还的希望了。张仲景看到这一幕，心想："这个人也许是憋昏过去了，应当救救他。我不妨试一试，看能不能把他救活。"张仲景请了几位年轻的小伙子来帮忙，把上吊的人轻放在床板上，叫两个人站在他的头旁，把他的两只胳膊一会儿往上抬，一会儿放在胸前。张仲景又开双腿，蹲在床板上，用两只手掌抵住他的腰部和上腹部，压一下，再松一下，正好和那两个年轻人的动作配合上。这样连续做了一顿饭工夫，那个人终于慢慢地呼吸了。不一会儿便睁开了眼睛，最后完全清醒过来。张仲景的试验成功了，又救活了一条人命。

张仲景还发明了灌肠法来治疗病人便秘。针对有些老年人和身体虚弱的人，服用清药身体无法承受，张仲景想了个办法，他把蜂蜜水或是猪胆汁从病人的肛门灌进去，帮助病人排解大便。蜂蜜水和猪胆汁灌到肠子里，肠壁就受到了刺激，慢慢蠕动起来，粪便就比较容易滑出来了。

此外，张仲景写的书中还记载了用药物外擦，用药水灌洗耳道，舌下含

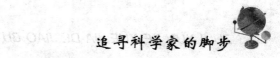

药等特殊的治疗方法。

张仲景把多年行医的经验总结出来，写成了一部著名的医学专著——《伤寒杂病论》。在这本书里，一共记载了治疗传染病的方子30个，治疗原则397条，此外还有治疗各种杂病的方法。这部书经过后来人的整理，编成两部书。人们把介绍急性传染病的，叫《伤寒论》；把介绍各种杂病的，包括内科、外科、妇科和饮食卫生等内容的，叫《金匮要略》。

张仲景的医学功绩，对我国医学发展有很大影响，为了纪念张仲景对医学的贡献，人们把他尊称为"医圣"。

追寻马钧的脚步

马钧是三国时期机械制造方面著名的专家。他制造出了一种名叫翻车的提水器械，这种机械结构精巧，使用方便灵活。只要人们转动它，许多只水斗就会通过转轮不停地循环出入，使水连续流出，大大提高了田园的灌溉能力，有力地促进了农业生产的发展。此外马钧还研制了"水转百戏"、织绫机及上古失传的指南车、攻城用的发石机等。

马钧从小就爱钻研，他创造并改革了很多生产工具。马钧出身于贫苦人家，深深体会到了劳动人民的疾苦。当时纺织用的织绫机非常笨重，操作起来十分吃力，且效率非常低下。为了提花，把经线分成了60综，每一综用一个蹑操纵，一共有60个蹑。蹑这样多，织起绫来自然很费劲。马钧改革了这种织绫机，他把原来的60综并成了12综，蹑就相应地减少到12个。他还改进了一些其他装置，使其操作更加轻便，这样织绫机的效率较以前提高了12倍以上。马钧改革的织绫机，为后来制造和推广家庭用的织布机奠定了基础。

作为魏国都城的洛阳城内有一片坡地，由于地势较高，无法引水灌溉，一直荒芜着。马钧决定帮助老百姓把这片荒地改成菜园。他发明了一种把河水提上坡地的工具——翻车。这种翻车轻便灵巧，具有很高的效率，它的发明成功地解决了引水浇灌坡地的问题。

马钧在兵器方面也有许多发明。当时，魏国和蜀国经常打仗，蜀国丞相诸葛亮发明了一种武器叫连弩，可以一连发射很多支箭，对魏国的军队威胁很大。马钧发现诸葛亮的连弩，虽然精巧，但也有其不足之处。他对这种武器加以改进，使其威力较以前提高了五倍。后来他又发明了一种攻城用的转轮式发石机，能连续发射很多石块。这是当时威力很大的武器，能把许多石块像冰雹一样，抛到几百步以外的敌人阵地或城楼上去。

有一次，有人献给魏明帝一套木偶。木偶没有人摆弄，当然不会动弹。魏明帝问马钧："你能使这些木偶自己活动吗？"马钧拿起木偶翻来覆去瞧了一阵，仔细琢磨它的结构，回答道："能！"魏明帝又问："你能使这些木偶表演吗?"马钧回答道:"能!"马钧造了一个小戏台,下面装一个用木头做成的原动轮,用水力使它旋转。原动轮和台上的木偶都有机关相连接,它一旋转,所有的木偶就开始表演:有的打鼓,有的吹箫,有的舞剑,有的在麻绳上行走倒立,进进出出,变化多端,好不热闹。

马钧一生有很多发明创造,但面对自己所取得的成绩他从来不骄傲自满。当时有个地理学家叫裴秀,自以为自己才华横溢,瞧不起马钧,要找马钧辩论。马钧听说后,就经常避开他。裴秀更加得意了。著名学者傅玄很为马钧鸣不平,他对裴秀说:"你的擅长是辩论,马先生擅长则是智巧。你用自己擅长的去攻击马先生,当然会占上风。要是你和马先生较量智巧,你也许不如人家!马先生非常谦虚,不愿和你纠缠,所以一直避开你,你还不知道吗?"裴秀这才没话说了。

由于社会的原因,那个时代的贵族官僚看不起科学技术,他们把科学技术看成"雕虫小技"。他们对马钧的技术发明并没有给予重视,但是马钧改革的织绫机、发明制造的翻车等,都受到了广大劳动人民的欢迎。马钧发明的工具对社会生产力的发展起到了巨大的推进作用。

追寻祖冲之的脚步

祖冲之（429—500），字文远，南朝宋范阳人，我国古代杰出的数学家、天文学家、机械发明家。他一生有许多卓越的成就，最伟大的一项就是对圆周率精确计算。

圆周率就是圆的周长和一个圆的直径的比率。圆周率的应用非常广泛，凡是涉及圆的数学问题，都要用圆周率来计算。

在祖冲之之前有很多科学家都对圆周率作过计算，但都不够精确。直到三国末年，数学家刘徽创造了用割圆术求圆周率的方法，求得了 3.141024 的圆周率。这是我国古代在圆周率的研究方面所取得的一个光辉成就。

祖冲之就是采用刘徽的方法来探求更加精确的圆周率的。刘徽是通过做圆的内接正多边形的办法来求圆的周长的。内接正多边形的边数越多，边长的和就越大，也就越接近实际的圆的周长，求得的圆周率也就越精确。刘徽先在圆内做一个每条边都和圆的半径相等的内接正六边形。然后把每条边相对的弧线平分，做出一个内接正 12 边形。用同样的方法，可以做出内接正 24 边形、48 边形、96 边形……刘徽计算到 96 边形时，得出了圆周率是 3.14024 这个结论。

祖冲之决心把刘徽的结论再推进一步。运算的主要工具是一根根小竹棍——算筹。

这些天，祖冲之实在是太忙了，因此计算工作常常要在晚上进行。这一夜，直到东方发亮，祖冲之才完成了 96 边形的计算工作。他是在地上画的一个直径为一丈的圆上进行计算的。他计算的结果是：内接正 96 边形每边的长度是 0.032719 丈，各边边长总和是 3.141024 丈，圆周率是 3.141024，和刘徽的结论正好相符。祖冲之运用刘徽的方法，坚持不懈地进行着圆周率的计算工作。但是，内接正多边形的边数越多，每条边的长度就越小，计算起来，难度也就越大。

经过几年的艰苦奋斗，祖冲之在圆周率的计算方面终于超过了前人。祖冲之求出的圆周率在 3.1415926 和 3.1415927 之间，前者是不足近似值，后者是过剩近似值。同时，祖冲之还确定了圆周率的两个分数形式的近似值。一个比较精确，叫密率，是 355/113；另一个叫约率，是 22/7。

祖冲之计算出来的圆周率，是当时世界上最精确的圆周率。祖冲之提出的密率，在他去世 1000 多年以后，德国人奥托和荷兰人安托尼兹才计算出来。

祖冲之在数学方面作出了卓越的贡献。他曾把自己的研究成果写成了一本书，这本书的名字叫《缀术》。可惜这本内容丰富的数学专著后来失传了。

祖冲之 25 岁的时候，进了宋孝武帝创办的"华林学省"。在这里，他潜心研究各种天文现象，并取得了丰硕的成果。有一年正月十五的晚上，一轮银盘似的月亮，高高地挂在天空，在"华林学省"就读的书生们，三个一群，五个一伙，都在高高兴兴地欢度元宵佳节。忽然，不知道是谁喊了一声："月食！"书生们抬头一看，月亮的边缘果然出现了一条细细的黑线。接着，满街响起了铜锣声，许多人边跑边吆喝着："天狗开始吃月亮了，赶快救月亮呀！""华林学省"里也骚动起来，有的敲起了铜盆，有的敲起了铜壶，还一面敲打，一面吵嚷："快赶天狗啊，快救月亮！"人们东奔西跑，一片慌乱。

祖冲之从厢房里走出来，抬头看了看天空，月亮的边缘已经有一条半指宽的黑边了。看着学友们惊慌失措的样子，他感到既好笑，又惭愧。他走下台阶，向那些敲盆打壶、胡吵乱叫的人大声地说："学友们，不要吵嚷了，今天是十五，是可能发生月食的日子。这是地球把太阳光遮住了，不是什么天狗吃月亮！"一个身材细高、略微有点驼背的人正在敲着一只铜盆满院子里乱跑，听了祖冲之的话，不但没有住手，反而敲得更紧了。他一面敲，一面大声说："冲之，你看看天上，月亮快被天狗吃掉半个了，你还在这里胡言乱语，有罪呀！"祖冲之坦然地说："王相公，你停一停。我且问你，你怎么知道这是天狗吃月亮？"

身材细高的人说："这会儿我可没工夫跟你解释，救月亮要紧！再过一会儿，月亮就要被吃光了。"说着，又拼命地敲起铜盆来。

大约过了一个时辰，月亮又重新放出了光亮。"华林学省"里的书生们，已无心再过什么元宵节了，一个个垂头丧气，愁眉苦脸的。他们认为，正月十五发生月食，是最大的不吉利，预示着一年都要走霉运，天非降下大灾大难不可。已经是深夜了，他们还聚在一起交头接耳，议论纷纷。

祖冲之躺在床上，翻来覆去睡不着，刚才学友们的那些丑态老是在他眼前晃来晃去。他想，如果能预测到月食发生的具体日期和时刻就好了。祖冲之翻阅了大量的古代天文资料，又进行了坚持不懈地观测，他对月食产生的原因认识得更清楚了。经过几年的刻苦钻研，祖冲之终于精确地推算出了月食出现的具体时间。这使更多的人认识到，月食只是一种自然现象，它发生的时刻是可以预测的，因而再也不相信什么天狗吃月亮的神话了。

祖冲之幼年的时候，曾从他祖父的朋友、著名的天文学家何承天那里学习到很多天文知识，祖冲之很尊重何承天在天文、历法等方面所取得的成就。他仔细研究了何承天在元嘉二十二年制定的《元嘉历》，发现其中存在着明显的缺陷。就拿闰法来说吧。我们知道，阳历一年是 365 天，比阴历一年要多 11 天。为了能使两种历法的天数保持一致，历代天文学家都采用了闰年的办法。

何承天采用了每 19 年 7 闰的闰周。祖冲之经过精确地计算，发现 19 年 7 闰误差很大，每 240 年就要相差一天。于是他提出了每 391 年安排 144 个闰年的办法。这个置闰法，比 19 年 7 闰的误差要小得多。于是，祖冲之决定重新计算闰法，改革历法。

祖冲之的父亲祖朔之，听说了儿子提出要改变闰法的事，非常生气，便把祖冲之找来，狠狠地教训了他一顿。

祖朔之十分严厉地斥责他说："何老先生学识高深，博古通今，花了一生的心血，制定了《元嘉历》，而且实行了很多年，深受称赞。你才疏学浅，竟敢提出改变闰年的办法，真是太不自量力了！再说，何老先生是你的恩师，你这样做，是对长辈极大的不尊敬！"祖冲之不服气地说："我一向都很尊重何老先生，他的《元嘉历》确实比古代 11 家的历法都精密，这是众所周知的事实。但是他的历法也有些明显的差错。不能因为他是长辈，我们就把他的差错掩盖起来。"祖朔之被儿子说得很恼火，拍着桌子大声说："狂妄，简直是狂妄！"祖冲之并没被父亲的专横跋扈所吓倒，他继续苦心钻研有关天文的知识，决定制定一部科学的、实用的新历法。

　　祖冲之运用土圭测量日影的方法，证实了西晋的虞喜创立的"岁差说"是有一定价值的。所谓岁差，就是太阳每年在地球上绕一个大圈子（实际上是地球绕太阳转一周）以后，并不回到原来的地方，每年都有很微小的位差。因而祖冲之主张在历法计算中运用岁差。他还在历法计算中引入了交点月。他定的交点月是 27.21223 日，这与现代测得的 27.21222 日非常相近。由于在历法计算中引入了交点月，这就为准确地推算日食和月食发生的时间创造了有利的条件。

　　生活在 1500 多年前的伟大科学家祖冲之，在数学、天文、历法、机械等方面都取得了惊人的成就，作出了杰出的贡献，他是我们伟大祖国的骄傲！

追寻孙思邈的脚步

孙思邈（约581—682）是我国唐朝杰出的医药学家。由于他对我国药物学的发展作出了杰出的贡献，被后代医学界誉为"药王"。

孙思邈编著的《千金要方》、《千金翼方》两部医学巨著，是医药学的集大成，在我国医学史上有着非常重要的地位。

孙思邈出生于京兆华沅（现在陕西省耀县的孙家源）。他小时候体弱多病，而且经常见到穷苦的老百姓生了病没有钱医治，只能悲惨地死去，加上自己对疾病有着切身体会，他的心中就有了一个信念："要认真学习医术，当个医生，好去救治成千成百的病人。"

为了实现心中的理想，孙思邈认真学习古代的各种医书，学习各种知识性的书籍，青年时代他的学识已十分渊博。

青年时的孙思邈就开始给人看病，解决了很多疑难杂症，名声也越来越大。宫廷要召他去做医官，但孙思邈宁愿留在民间行医，也不肯当官。

孙思邈用自己高明的医术为穷人看病。对于没有钱看病的人，他不但不收诊金，还免费送药，而且还腾出房子给远道来的病人住，还亲自为他们熬药。不论三更半夜，还是狂风暴雨，只要有人请他看病，他从来不推辞，一定立刻赶去救治。

有一次，孙思邈在路上看到四个人抬着一口棺材往前走，鲜红的血从棺材里滴出来。后边跟着一个哭得死去活来的老婆婆。孙思邈连忙赶上去问："老婆婆！棺材里装的什么人？死了多长时间啦？"老婆婆回答说："死了有几个时辰了。"孙思邈说："打开棺材，让我看一看好吗？"老婆婆一听，拉住孙思邈说："您是医生吧？我的独生女难产，折腾了两天两夜，孩子没生下来，倒把她的命送掉了。今后的日子，叫我怎么过呢？她已经死了。您还救得活她吗？"孙思邈回答说："可以试一试。看流出来的血，可能还有希望。"

于是大家动手，把棺材盖打开。孙思邈走近一瞧，那妇人脸色苍白，没有一点儿血色，仔细摸了摸脉，觉出还在微弱地跳动。他赶紧选好穴位，给病人扎针，还用了特殊的捻针手法。不一会儿，一个胖娃娃"哇"地生了下来，产妇也渐渐睁开了眼睛。孙思邈拿出自己随身携带的药来，给产妇服下，不一会儿，产妇完全苏醒了过来。大家看到孙思邈救活了母女，惊奇地称赞他是神医。

孙思邈不仅广泛地收集民间药方，而且还亲自到家乡附近的五台山去采药，亲自加工炮制。他把长期搜集到的方子汇集起来，编成了一部书，叫《千金要方》。

孙思邈有着极其严谨的治学态度。举例来说，人的全身有649个穴位，其中300对双穴（就是在身体的左右两边各有一个穴位，名称相同，位置对称），49个单穴（位于身体的正中线，不成对），在《千金要方》中，孙思邈弄错了，说双穴有301对，单穴只有48个，总数是650个。后来他发现这一数字不准确，就在《千金翼方》里更正过来了。

孙思邈在《千金要方》和《千金翼方》两本书里一共记载了药方6500多个，这些药方不仅数量多，而且治疗效果也很好。后来，人们为了广泛地传播这些药方，把其中比较重要的刻在石碑上，立在大家常到的地方。这种碑就叫"千金宝要碑"。为了纪念这位著名的医学家，人们把孙思邈尊称为"药王"。

孙思邈不仅注重医术而且还注重自我保健，他从小多病，却活了101岁，这与他注重保养身体，讲究卫生，经常锻炼身体是分不开的。孙思邈提出要人们养成讲卫生的好习惯，劝人们不要随地吐痰，不要把头蒙在被窝里睡觉，要按时吃饭，不要吃得过饱，要细嚼慢咽，吃饭以后要漱口。他每天都要练气功，锻炼身体，常常到野外采药，呼吸新鲜空气。孙思邈在100岁时仍面色红润，精力充沛，不但能看书写字，而且完成了《千金翼方》这部巨著。

追寻沈括的脚步

沈括（1031—1095），字存中。宋朝钱塘（今杭州）人。我国古代著名的科学家，著有《梦溪笔谈》。

小时候沈括随父辗转江南各地，饱览了祖国壮丽的河山，见识了各地的风俗民情。他酷爱读书并善于独立思考提出新见解。从小他就立下了读万卷书、行万里路的志向。1061 年，沈括任宁国县县令，修复了"万春圩"，推广圩田。1063 年，考中进士后，被推荐到昭文阁编辑校对书籍，开始对天文、历算进行研究。这期间，沈括写成了《南郊式》，对朝廷祭祀天地的郊祭典礼进行了修改和简化。他的主张很快就被采用，还被提升为太史令兼司天监，负责掌管图书资料、天文历法。后来又升任太常丞，掌管礼乐。

博学多才的沈括堪称中国古代科学的坐标。他在天文、地理、数学、物理、化学、生物、医药、水利、文学、音乐甚至军事方面，都取得了令人叹为观止的卓越成就，将中国的科学技术水平推向新的高峰。沈括的成就对后世产生了巨大的影响。他发明了隙积法，成为垛积术的创始人；沈括在世界

上第一次发现了地磁偏角；他总结的指南针装置方法，为后世航海指南作出了巨大贡献；他编制的《十二气历》为后世的历法改革提供了新的理念；他的地质学理论和研究方法，至今仍被科学工作者广泛使用；他的著作《梦溪笔谈》被誉为"中国科学史上的里程碑"。这部书除了记载他一生科学研究的成果外，也记载了大量的中国古代的科学资料，其中对毕昇的活字印刷术，磁偏角、指南针、常州陨石等的记载，是我国古代科技的宝贵材料。

沈括不仅是一个科学家，他还是王安石

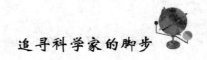

变法的积极拥护者和参加者。他赞成王安石的"富国强兵"主张，并利用科学帮助改革派实施农田水利法，进行盐政改革，减轻农民负担，提高军队战斗力。

沈括还是一个出色的外交家和军事家，在北宋与契丹的边界争端上，沈括和契丹丞相一共进行了六次会谈，最后凯旋，不但维护了国家的领土完整和民族尊严，也震慑了契丹，使契丹从此不敢再轻视宋朝；在抵抗西夏的侵犯上，他先后出任延安州官和经略安抚使，其间不但注意整顿军纪，还改进兵器和阵法，增强了军队的战斗力，加强了军事防务。1081 年，西夏大举进犯北宋边境，沈括率领大军迎敌，大败西夏 7 万大军。

第二年，西夏又以 30 万大军围攻西北要塞永乐，以 8 万军队进攻绥德。只有 1 万士兵的沈括奉命力保绥德，无法解救永乐。结果永乐失陷，23 万名宋军全军覆没。因为沈括曾经支持新法，永乐失陷成了守旧派借机报复沈括的理由，污蔑他"抗敌不力"、"处理不当"，将他贬为均州团练。

1088 年，58 岁的沈括辞官归隐，回到润州梦溪园，集中精力创作《梦溪笔谈》。《梦溪笔谈》是宋朝科技史的资料库，是宋代劳动人民科学成果的结晶，既是我国古代科技史上的杰作，也是世界科技史中一份宝贵的遗产。1095 年，沈括在凄凉中病逝，享年 64 岁。

追寻毕昇的脚步

毕昇，生卒年、籍贯不详，北宋印刷匠，他在世界上第一次发明了活字印刷术。

毕昇是北宋汴梁万卷堂书坊的一名印刷匠，万卷堂书坊是汴梁城里最大的一个专门经营雕版印刷的手工业作坊。所谓的雕版印刷就是：先把文字抄在半透明的纸上，再把纸反贴在一块枣木或梨木板上，然后进行雕刻。

随着文化事业的逐步发展，人们越来越感到雕版印刷术已不能满足日益发展的社会需要了。

万卷堂书坊的雕刻匠们早就盼望着雕版印刷术的改革了。因为字难免会刻错，刻错了又无法改正，不但会遭到书坊主的谩骂和殴打，而且还会被罚掉工钱。

年轻的毕昇，就开始琢磨改革雕版印刷的问题。经过长时间的苦苦思索，他从图章上受到了启发。他想，像图章一样，一个方块刻一个字，然后排列起来，粘在一块，这不就和雕版一样了吗？等不用的时候，还可以拆下来，下次再用。就这样他终于想出活字印刷的方法来了。

这时已经是 1048 年的冬天了。半夜时分，毕昇的小屋子里依然还亮着灯。虽然天气很冷，但是他仍然伏在桌子上用小刀在一块块半寸见方的小木块上刻着字。手冻僵了，就用嘴嘘嘘热气再刻。他的妻子几次催他歇息，他只是口里答应着身子却不动。就这样，他白天上工，晚上刻字，终于把 3000 多个常用字刻完了。毕昇的脸上露出了欣慰的笑容。

第二天天刚亮，毕昇就起来了。他急急忙忙吃过早饭，便背着个大柳条筐，跨进了万卷堂书坊的雕刻工场。毕昇把自己的想法告诉了大家。

毕昇把木活字夹在一块有方格的铁框板里，用烧化了的松香之类的东西把没有字的一头粘在铁板上，拼成了一块活字版。看到这里的时候，大家禁不住点头称赞。

毕昇在字上涂了油墨，再在上面铺上白纸，然后用棕刷一刷，一张印刷品便

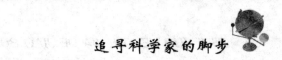

呈现在大家面前。接着，一张，十张，三十张……印一张，大家叫一声"好"。

可是印着印着，字迹渐渐变大了，笔画也越来越模糊了。"怎么回事？"大家不约而同地问道。

毕昇也紧锁着眉头，疑惑地说："这是哪里出了毛病呢？"一位老师傅看出了问题，他问毕昇说："你用的是什么木料？"

毕昇说："杉木。"那个人听了点头说道："这就是出毛病的原因了。杉木木纹粗，质地软，最容易吸水变形。用它刻成的字受墨多了，就会膨胀起来，因此字迹就变得越来越不清楚了。""那怎么办呢？"大家你一言我一语纷纷议论起来。有人提议用枣木或梨木代替杉木，但是大家认为价钱太贵，还是找一种经济些的东西代替为好。这时有个师傅忽然说道："我想，最好能用一种既便于雕刻又不吸水的东西代替。"

正在这时，一个年轻工匠提着一把茶壶，拿着几个茶杯走过来，准备倒水给大伙儿喝。毕昇一见茶壶，心中猛然一动，便脱口而出："有了！有了！用它就行！"

大家听了毕昇的话都有些莫名其妙。毕昇镇静了一下，微笑着说："我看到了茶壶，猛然想起制活字的东西来了。如果用泥巴弄成坯并刻上字，再放进窑里烧，不就可以制成不吸水又不易变形的活字了吗？""好，这个办法好！值得试一试，看看行不行。"大伙儿异口同声地说。就这样，毕昇在大伙儿的启发下，终于想出了制活字的材料。

为了制泥活字，毕昇就在自己家里垒起了一座小窑。他还请来了雕刻场里的几位师傅帮忙。他们先把摔打好的胶泥制成半寸见方的"小土坯"，上面刻上铜钱边缘一样厚薄的字。每个字都要刻好几个印模，如"之"、"也"等一些常用字，得刻上20来个印模。几千个字刻完后，毕昇便亲自点火烧窑。

出窑这天，许多人都来观看，只见一套笔画清晰、坚如牛角的泥活字摆在了大家面前。

在大家的祝贺声中，毕昇进行了活字印刷的演示。

一张，两张，十张，一百张……张张都很清晰。

活字印刷试验圆满成功了！我国及世界印刷史上第一次划时代的革命成功了！毕昇发明的活字印刷，不仅提高了印刷效率，而且也极大地推动了科学文化的发展，为全人类的文化繁荣作出了巨大贡献。

追寻李时珍的脚步

李时珍（1518—1593），字东璧，号濒湖，我国明代杰出的医药学家。

李时珍的父亲是当地有名的医生。为了方便给病人治病，他在自家的后院里，种了许多各式各样的草药。李时珍三四岁的时候，母亲常常搬出一把小凳子，放在后院门口，让他坐在那里看自己给那些草药浇水、施肥。

李时珍随着年龄的逐渐增长，萌发了想跟父亲学医的念头。当时医生的社会地位很低，父亲本希望李时珍能走仕途，光宗耀祖，但在李时珍的多次恳请下，终于被他打动，答应让他学医。李时珍跟父亲学医，十分勤奋，医术也越来越高明。他很快就成了远近闻名的医生。

可是有一次，一个病人在吃了李时珍开的药以后，病情不但没有减轻，反而加重了。这是怎么回事呢？李时珍仔细地查找原因，最后才从药渣里发现，是药铺根据一部本草书上的错误记载，把有毒的虎掌当做无毒的漏篮子用了。

他总想：用药是否恰当关乎人命，旧本草的错误这么多，是该重新修订一下了。否则，不知今后还会危害多少病人呢！

有一天，李时珍对父亲提出重修本草的想法。听儿子说要修本草，父亲不禁大吃了一惊："旧本草是该修了，可修本草并不是件容易的事，那要靠官府找许多名医才能办成。你一个人怎么能行呢？"然而李时珍下定决心要重新修订本草书。

从那以后，李时珍除了继续给人看病，还抓紧一切闲暇时间读书，为修订本草书作准备。10 年过去了，他读了 800 多种医药书籍，摘记了好几柜笔记。

有一年，朝廷要各地推荐名医到京城的太医院当太医，李时珍也被选上了。李时珍满怀着施展自己才学的希望来到这里，可是没想到，当时的嘉靖皇帝只迷信一些道士的说法，妄想服用仙丹以求长生不老。他让那些受到自己宠信的道士把持太医院，像李时珍这样有真才实学的医生却得不到重用。

李时珍接连几次向太医院提出要重修本草书的建议，可是，在这些只知道骗人取宠的道士把持着的太医院里，有谁能听进他的建议呢？有些人甚至还骂李时珍是"草包医生"，要修本草是妄想。

李时珍的希望落空了。他知道在太医院里要实现自己济世救民、重修本草的愿望是不可能了。于是他在太医院待了不到一年的时间，就假托有病，辞职回到了家乡，继续修订本草书。他发现，要想验证旧本草的内容，光靠收集书本知识是远远不够的，必须走出家门，到深山僻野去采集那些药物，还要向那些熟悉它们的人请教才行。于是，李时珍带着学生庞宪、儿子李建元一起出外考察。

一路上，李时珍不断地向农民、猎人、樵夫、药农、工匠等请教，广泛搜集民间偏方、秘方，并把它们一一记录下来。这次考察，历时数年，足迹遍布湖北、安徽、河南、河北、江西、江苏等地，每到一处，他都认真考察当地的特产药物，千方百计地采摘各种草药，搜集有价值的标本。

为了撰写《本草纲目》，李时珍几乎读遍了所有他能找到的古医书，并且走了上万里路。他想把自然界所有的草药，都写在这本书里。

有一次，李时珍读了一本名叫《刘郁西使记》的书。书里记载着一种叫"撒八儿"的药。这种药很奇特，据说出产在西边的大海里。它起初是由一种叫玳瑁的动物吐出来的东西，后来又被大鲛鱼吞了下去，经过了很多年以后，才变成"撒八儿"，据说样子很像犀牛屎。

李时珍没有见过"撒八儿"，问过许多人，也都说不知道什么叫"撒八儿"。

有一天，李时珍去向一个很有学问的人请教。这人经历过许多事情，还曾经到过外国。当李时珍向他问起"撒八儿"时，那人笑了笑，说："那次我到西域时，听人说过这种东西，可我也没见过'撒八儿'是什么模样。我在京城里，早就听过您的大名，人们说您是当今最有学问的人，我还想有机会向您请教呢！"

李时珍觉得十分惭愧，他深深体会到自己的知识有限，还有很多东西不知道。他谦虚地说："这种药我没见过。'知之为知之，不知为不知'，我哪敢不懂装懂呢？"

后来，直到写完《本草纲目》的时候，李时珍还是没见到过"撒八儿"。于是，李时珍就把这种药写在书里，并且注明说：《刘郁西使记》这本书中说

"撒八儿"像金子一样贵重。既然这么贵重，必定很有用处。可惜，我始终没见到过。现在我把它记在这儿，等待以后高明的人来补充，看它究竟是个什么东西，能治什么病。

1578 年的一天，在李时珍面前的书案上，整齐地摆放着几尺高的书稿。这部凝结着他一生心血的书，经过三次较大修改，终于完成了。从 1552 年李时珍写这部书算起，已经整整经历 27 个年头了，他也从一个 30 多岁的青年，变成了 60 岁的老人。他给这部书取名叫《本草纲目》。

为了让《本草纲目》能够流传下去，李时珍从湖北家乡来到了当时刻书业最发达的南京，可是那些书商们都认为刻这种书不能赚钱，因此都不愿意刻印。没有办法，李时珍只好返回家乡，刻书的事就被暂时搁置下来了。

后来，一些急需用《本草纲目》这部书的人，看到书印不出来，就自己动手把书抄录下来用，《本草纲目》就这样逐渐流传开来。直到几年以后，一位喜欢藏书的人，看到了这部书的手抄本，认为这是一部很有价值的医书，愿意出钱把书刻印出来，李时珍的愿望才得以实现。这时候，离书稿完成的时间已经快有 10 年了。

后来，在张居正的极力推荐下，明神宗才知道《本草纲目》的实用价值，下令翻刻印行。从此，《本草纲目》开始在国内广为流传，成为中医案头的必备书籍。后来，它又先后被译成了英、日、德、拉丁等许多种文字，广泛流传于全世界。

《本草纲目》全书共 52 卷，共计 190 多万字，记载的药物有 1892 种，每种药物都详细地记述了它的产地、形状、颜色、气味、功用和采集、制作的方法。对不常见和易于搞混的药物，还附有 1160 幅插图，这些图形象逼真，很容易辨认。在书里，李时珍不但纠正了前人的许多错误，还增补了 374 种新药。更为可贵的是，书里收集的 1800 多种药物，绝大部分都经过了李时珍的反复验证。除了记述各种药物外，《本草纲目》里还搜集了 11000 多个药方，并对各种药物如何使用，也都作了详细的介绍，尤其是李时珍在书里创制的植物分类法，比欧洲科学家提出来的时间早了 100 多年。

追寻徐光启的脚步

徐光启（1562—1633），字子先，号玄扈，明代徐家汇（今上海）人，著有《农政全书》。

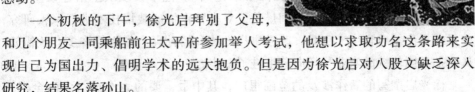

徐光启出生于上海的一个破落的商人家庭，为了生活，他只好在私塾里当了教书先生。

一天，他读到了李时珍的医药巨著《本草纲目》。他为李时珍那种花费整整 27 年时间，历尽千辛万苦著书立说的精神深深感动。

一个初秋的下午，徐光启拜别了父母，和几个朋友一同乘船前往太平府参加举人考试，他想以求取功名这条路来实现自己为国出力、倡明学术的远大抱负。但是因为徐光启对八股文缺乏深入研究，结果名落孙山。

后由朋友介绍，他到南京一个大户赵凤宇家里当了家庭教师，后来他又随赵家来到广西浔州。有一天，这家来了一个广东客人，闲谈中说起广东韶州有个上识天文、下知地理的传教士。徐光启听了以后很想见见此人。几经打听，才找到了那个名叫郭居静的西洋传教士。他们一见如故。

从郭居静那里，徐光启第一次听到了意大利物理学家伽利略的名字，第一次知道西方有个叫阿基米德的人及他的著作《几何原本》一书，还听说了地球仪，也看到了教士的自鸣钟，得知造钟的第一个人是丹麦的泰古·布刺。

这些西洋的新鲜事儿，不仅开阔了徐光启的眼界，打开了他的思路，也引起了他对一些问题的深思。

徐光启 36 岁时，从广东来到北京的顺天府，第八次参加举人考试。徐光启得中顺天府头名举人。

1604 年，徐光启中了进士，被选为庶吉士，进了北京翰林院学习。在北京，他更透彻地了解到了明代晚期朝政的腐败、国家的穷困和人民的痛苦。这一切更坚定了他潜心立志、科学救国的主张。他非常重视从国外引进的先进科学著作，常常以它们为依据来进行学习。可惜他不懂洋文，于是他请洋教士利玛窦口译，自己则用笔记录。就这样，他们花了一年多的时间，译成了《几何原本》的前六卷，后因利玛窦不肯继续合作，后六卷没能译成。

接着他又与洋教士熊三拔等人合作，先后编译了《测量法义》、《勾股义》等西方科学著作。这些引进的数理科学著作，在国内出版后，立刻引起了全国知识界的重视和好评。

除了数学方面，徐光启还翻译了许多关于测量、水利等方面的著作。"地圆说"和"经纬度"的概念，也是他译著出版后，才在我国推行普及的。这些西方自然科学的引进，为我国近代科学的发展开辟了崭新的途径，所以后人称徐光启是我国近代科学的启蒙大师。

在引进国外科技的同时，徐光启也十分重视国内实用科学的研究和推广，尤其是对农业科学的研究最为关注。徐光启极力赞扬商鞅等前人的"农本"思想，主张"富国必以本业，强国必以正兵"。他不仅多次上书建议垦荒屯田、兴修水利，而且亲自上田间垦荒，对多种作物的栽培技术进行深入研究，并且还提出了改良生产工具、改进耕作方法和播种高产作物等许多有效措施，从而把我国传统的农业科学向前推进了一步。

徐光启撰写的著作涉及的范围很广，其中最重要的著作是《农政全书》。这部巨著在我国农业科学遗产的宝库中极负盛誉。《农政全书》共 60 卷，50多万字。其中作者自己写作的约有 6 万多字，其余都是收录的大量古代文献。徐光启不仅"杂采众家"，对大量材料进行分类汇编，而且还加了不少评注，表明了自己的见解。

徐光启融会中西科学还突出地体现在修订历法方面。我国的历法到宋、元时代已经相当完备，但还不够精确。1629 年 5 月 5 日发生了"天狗吞太阳"（即日食），钦天监以旧历推算的时间发生了误差，致使皇帝为了救护太阳，而在烈日下等候多时，结果龙颜大怒。而徐光启运用西法推算的结果跟实际时间非常接近。趁此机会，徐光启又一次上书建议修改旧历，最终获得了皇上的准许，于是成立了西法历局，由他主持修订历法。他主张在弄清天体运行规律的基础上，制定新的历法。

　　徐光启继承了我国古代历法的可取之处，又同罗马、德、奥等国著名大学联系，以吸取最新知识。他还引进了欧洲的时辰钟和伽利略发明的望远镜，并且通过对天象进行精密观察，绘制了一幅《全天球恒星图》。他对天文的研究，已接近当时世界先进水平。经过三年的辛勤劳作，到1632年，他准备编辑出版的共74卷的《新历法书》，按计划已完成过半。

　　根据新历法来预测日食，其误差已减至半刻钟之内，其精密程度和当时欧洲的历法不相上下。我国沿用到现在的农历，就是在《新历法书》的基础上编制的。

　　徐光启在科学方面的功绩并不仅仅局限在科学的某一门类，他多方面地融会了我国古代科学的成就和当时外来的科学知识，在数学、天文、历法、农业科学、军事科学等各方面都取得了巨大的成就，作出了卓越的贡献。

　　1633年深秋，在科学事业上整整奋斗了50余年的徐光启病倒了。他躺在病榻上，仍不顾虚弱的病体，拼命地写书，想争取时间把《新历法书》写完，他的病情也就因此而越来越重了。

　　没过多久，他便与世长辞了。徐光启主持督修的新历虽然没有最终完成，但仍抹杀不了徐光启在修编新历上所做出的成绩。

　　徐光启是中国明代杰出的自然科学家。他的科学研究，促进了当时社会生产的发展。他献身科学的伟大精神，将永远留在人们心中，并激励着人们不断前进。

追寻宋应星的脚步

宋应星（1587—1661），是我国明朝著名的科学家，他编写的《天工开物》一书被科学家称为"百科全书式的科技文献"。

宋应星是一个相信科学、不迷信的人。他和好朋友廖帮英经常在一起研究学问。有一次，廖帮英问宋应星"怎么看待算命看八字"。宋应星听后笑了笑，对自己好友说道："那是骗人的玩意，没有一点事实根据。你想想，如果算命看八字的人真是能掐会算，那他自己不总是有好运气吗？可是实际上他连自己遭难的时候都算不出来，怎么能算准别人的命呢？再说，全国同相同时生的人成千上万。他们的生辰八字相同，可是身世、地位、财富却各不相同，有的成了达官贵人，有的人却沦为奴仆乞丐。可见，人的生辰八字并不能决定人的地位、财富，也不能决定人的吉凶祸福，所以说不要相信生辰八字算命的说法。"

廖帮英听了宋应星的解释，点点头说："你这话讲得有道理，可是我还是有一件事不明白。鬼火究竟是一种什么东西？前天晚上，我同一个朋友一起回家，路过一片坟地，看见远处有两三个绿色的火星飘来飘去，朋友说那是鬼火。后来，当地老乡也说那是鬼，你说，真的有鬼火吗？"

宋应星认为自己的朋友非常迷信，对他说："世上根本就没有鬼火！你所见到的不是叫鬼火，而是叫阴火。阴火是一切没有经过人点燃的火，它见不得阳光和灯光，一见到阳光和灯光就熄了。"

"那这种火又是怎样形成的呢？"廖帮英又问。

"阴火是从腐烂的木头里放出来的，磷火是从骨头中分解出来的。每逢多雨的年份，荒野的坟墓被一些动物挖穿崩塌了，里面的棺材板就被水浸烂，天黑的时候阴火就放出来，在地面上飘忽不定，成了你所说的'鬼火'。"

廖帮英听了宋应星的解释觉得很有道理，并对他丰富的科学知识十分敬佩。

宋应星28岁时考中举人，曾做过小官。在为官期间，他十分重视劳动人

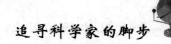

民在长期生产劳动实践中积累的经验和创造的生产技术，注意收集民间的工艺技术。他所著作的《天工开物》一书，详细记录了他收集了解到的劳动人民创造的宝贵财富，即工农业生产技术，成为中国古代科学技术的名著。西方国家曾以《中华帝国古今工业》为书名将它翻译出版，欧洲人十分惊奇地称它为"中国17世纪工艺百科全书"。

《天工开物》记载了勤劳智慧的中国劳动人民在工农业生产中的许许多多创造与发明。比如，它记载的冷浸田使用骨灰蘸秧根，是我国使用磷肥的最早记录；利用不同品种蚕蛾杂交而生出优良蚕种，是我国利用杂交技术改良蚕种的最早记录。书中记载的锌的冶炼技术在世界上是最早的，记载的精巧复杂的提花机是当时世界上最先进的。《天工开物》一书为我们今后研究古代科学技术提供了宝贵的资料。

追寻詹天佑的脚步

詹天佑（1861—1919）字达朝，号眷诚，广东南海人。中国著名的铁路工程师。

1861 年，詹天佑出生于广东南海一个没落的茶商家庭。他家境清贫，自幼体弱多病，但他聪明好学，喜欢摆弄机件。他曾经把家里的闹钟偷偷拆开又安装好，弄清了闹钟的构造。

1872 年，詹天佑报考"幼童出洋预备班"并被录取，成为清政府第一批公费留学生，并于当年 9 月到达美国。

在异国他乡求学生涯中，他不但学会了独立生活，更学会了独立思考。1875 年考入丘房高级中学，1878 年毕业时，他的成绩名列全班之首和全校第二，成为幼童留学生中的佼佼者。

1878 年，詹天佑考入著名的耶鲁大学雪菲尔理工学院，主攻土木工程。他学习刻苦，各科成绩优秀。1881 年，获得了学士学位，是全部幼童留学生中获得学位的仅有的两人之一。同年 8 月，詹天佑归国，从此开始了他的科学报国之路。

1887 年，中国铁路公司在天津成立，詹天佑被聘为工程师。他第一次参加修建的铁路是塘沽到天津的铁路。在修建过程中，詹天佑显示了他非凡的才能，只用了 80 天时间就指挥完成了铺筑工程。

1905 年到 1909 年，詹天佑又成功主持修建了中国铁道史上第一条独立设计施工的重要铁路——京张铁路。京张铁路总长不过 200 公里，但沿途横跨崇山峻岭，施工极其艰巨。当时国内外冷嘲热讽四起："能修出这条铁路的中国工程师还没出世呢！""中国人想不靠外国人自己修铁路，就算不是梦想，至少也得 50 年！"詹天佑听后非常气愤，决定用创造性的劳动给予迎头痛击。面对厚厚的岩层，詹天佑在中国第一次使用了炸药爆破开山法；在开凿号称"天险"的八达岭隧道工程中，他精心设计出从两端向中间同时开凿和中距离凿进的方法；为使列车安全爬上八达岭，他创造性地运用折返线原理，在山多坡陡的青龙桥地段，顺着山势设计出一段"人"字形线路，缩小了坡度。詹天佑克服了重重困难，使京张铁路提前两年竣工，节省了人力和物力，创造了奇迹。

1909 年 4 月，京张铁路正式通车。当天有上万中外嘉宾到场参加典礼。在众人的欢呼声中，詹天佑发表了演说，他通过诉说工程的艰难，高度评价了铁路工人的贡献，给在场的人们留下了深刻的印象。

京张铁路的建成，不仅为詹天佑赢得了世界声誉，更提升了整个中国工程技术界在世界的地位。当时，有人把京张铁路与万里长城并列为中国伟大的工程，称颂为"祖龙望而夺气"。

1919 年，詹天佑因积劳成疾不幸病逝。中国工程师学会基于他在铁路建设上所作出的重大贡献，特地在青龙桥建立了一尊铜像，来纪念这位杰出的爱国铁路工程师。

追寻冯如的脚步

冯如（1883—1912），中国飞机设计师，飞行家。

冯如小时候非常聪明，经常同小伙伴们制作一些机械模型。成绩优异的他深得老师喜爱。

1895年，12岁的冯如随亲属来到美国求学，1906年23岁的冯如开始钻研飞机的制造和飞行技术。他与他的徒弟们经常到旧金山市的图书馆和书店，收集有关滑翔、飞行和飞机、滑翔机结构的资料，并且先研制了飞机模型。要从模型做成飞机进行飞行试验，还需要一笔很大的科研资金。冯如带着飞机模型，深入到侨胞之中，一次又一次地痛斥帝国主义对中国的欺侮，宣传制造飞机抗击列强侵略的主张。广大侨胞具有很强的爱国心，听到制造飞机可以救国，都慷慨解囊，对冯如的事业给予支持。

1907年，冯如在广大华侨的帮助下开始租厂开工研制飞机。1908年冯如研制出了第一架飞机，运往达林可市的麦园试飞，但试飞失败了。就在这个时候，冯如在奥克兰的工厂又遭受了大火，所有设备都付之一炬，但冯如并没有气馁，他又继续试造，虽然遭到许多次失败，但是每次失败以后，冯如总是细心地分析失败的原因，又经过好几次大改进后，到1909年2月，制出的一架新机已经能够飞起来了，可惜只飞了十几米高，又忽然坠地撞毁，幸好人未受伤。

这时，股东们见飞机试飞屡次失败，逐渐失去信心，不愿再继续投资。冯如的父母也因思子心切，万里投书，催他回国。在这处境十分困难的时候，冯如仍意志坚定，毅然宣称："飞机不成，誓不回国。"

冯如为了研制出中国自己的飞机，和徒弟们节衣缩食，凑出最后的一点钱作为制造飞机的费用，并且特别注意研究飞机在飞行中的平衡和操纵问题。

1901年，莱特兄弟的飞机在纽约进行飞行表演，冯如专程赶往观摩学习。出于保密的需要，表演不准许参观者靠得太近，然而细心的冯如还是从莱特兄弟的飞机中受到了一些启发。

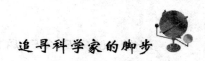

追寻科学家的脚步

有一天，他偶然看到空中有一只老鹰自由翱翔，便开始细心地注意它的飞行姿态和两翼伸展的情况。回来以后他向邻居借了一只白鸽，用尺仔细地测量了它的身躯和两翼的长度，计算了二者之间的比例，从中受到了启发。于是他们进一步改进了飞机的设计，加紧研制。

通过两三年的顽强劳动和刻苦钻研，经过大小十几次的修改，他们终于制成了一架能够飞行的飞机。

1909年9月冯如决定对研制的飞机进行试飞，冯如驾驶着这架飞机顺利地升上天空，并且安全地降落到地面，这是中国人第一次驾驶着自制的飞机进行的飞行。孙中山先生在这一时期为推动民主革命在华侨社会中筹集资金，曾多次往返美国。他参观了冯如的飞机，并对冯如的成功和奋发图强的精神给予了称赞和鼓励。

股东们被冯如的精神和成绩所鼓舞，决定继续投资，于是冯如又不断改良飞机结构，使其性能逐渐提高。1910年12月，这架经过改进的飞机经过几十次试飞表演，取得了卓越的成绩，成为轰动中外的新闻。

1909年9月4日，中国旅美华侨冯如在美国奥克兰州派得蒙特山附近的平坦空地上，驾驶一架有动力的飞机试飞成功，取得了飞行高度4.57米、飞行距离为804米的成绩。9月23日，美国《旧金山观察者报》曾以《东方的莱特在飞翔》为题，报道了"天才的中国人冯如自己制造飞机，并装上自制的发动机进行试飞"的经过，并作出了"在航空领域上，中国人把白人抛在后面"的高度评价。冯如集研制飞机和驾驶飞机于一身，因此我国的航空史学界称他为中国第一个飞行家。

1910年，冯如制造了第二架飞机，多次试飞后他的飞机飞行高度达到210米，速度105公里/小时，沿海湾飞行时距离32公里，处于当时世界先进水平。辛亥革命后，为了向国人宣传航空事业，在一次飞行表演中，飞机出现了故障，从高空坠落，年轻的冯如不幸遇难，冯如为我国航空事业献出了年轻、宝贵的生命，人们将永远怀念他。

追寻李四光的脚步

李四光（1889—1971），湖北省黄冈人，我国著名的地质学家，创立了地质力学理论。

在 20 世纪初，一些外国专家曾提出了"中国贫油论"的观点，宣称中国没有石油。1952 年的一天，毛泽东主席接见了李四光。他问道中国是否真的贫油这一问题。李四光望着毛主席那急切的目光，肯定地说："从中国的地质情况看，我们的地下不是贫油，而是有丰富的石油。"他向政府建议开展石油地质普查工作。

党和政府对李四光的工作给予了高度的重视和支持。不久，李四光被任命为新中国第一任地质部部长、中科院副院长。1955 年，李四光和他的地质队在全国范围内开展大规模的石油普查工作。李四光根据我国地质构造和自己创立的地质力学理论，最后确定到东北松辽平原去勘察。他和地质队员们风餐露宿，自己还患上了关节病，但为了能够早日找到石油，他忍着疼痛坚持工作。工夫不负有心人，通过李四光等人艰辛的劳动，1959 年，地质队员们终于在东北探明了规模大、产量高的大庆油田，从而有力驳斥了"中国贫油论"的观点。

面对所取得的成绩李四光并没有沾沾自喜，而是提出了"不放弃西北，多搞东部"的找油方针。勘探队在李四光这一方针的指导下，在全国找到了几个可能储油的构造，并相继在华北、辽河和江汉平原等地发现了大油田。这些油田的相继开发使中国进入了世界产油大国的行列。

1964 年，周恩来总理在第三届全国人民代表大会的政府工作报告中提到中国地质人找石油的事，他说："第二个五年计划建起来的大庆油田，是根据中国地质专家独创的石油地质理论进行勘探而发现的。"

这一地质理论，凝结了李四光一生的心血，为了学习地质学，李四光16岁赴日本留学，后又到美国深造，1920年回国后任北京大学地质学教授。在以后的50年里，他一方面为国家培养地质人才，一方面开展地质研究工作。他用他创立的地质力学，以及用力学的观点研究地壳运动现象，探索地质运动与矿物分布规律，为新中国的生产建设作出了巨大贡献。他不仅打开了中国石油宝藏的大门，而且找到了铀矿、金刚石、铬矿、钨矿和地热资源。晚年，他还把这一理论用于地震研究，首创了观察地动变化和预报地震的有效方法，为我国地震研究奠定了基础。

追寻竺可桢的脚步

竺可桢（1890—1974），我国现代著名的科学家和教育家。

竺可桢于 1890 年出生于浙江省绍兴市，小时候的他聪明、可爱。有一天，他的父亲要到外面办事，临走前对竺可桢说："儿子，今天爸爸有事外出，不能教你认字了，你今天好好出去玩吧！"竺可桢听了没有答应，硬缠着爸爸教他认了字再走。

竺可桢在五岁的时候，哥哥竺可材就开始教他写作文，哥哥是乡里的秀才，非常有才华。兄弟俩经常在一起，一个认真地教，一个认真地学。有一天晚上，哥哥正在教弟弟写文章，竺可桢写了一遍，觉得不够稳妥，又重新写了一遍，可是写好后竺可桢还是不满意。就这样写了又改，改了又写，一直到他们认为满意方才上床睡觉。

竺可桢从小学习就很认真，而且还善于思考问题。每逢下雨的时候，屋檐老是往下滴水，落在地面的石板上发出"滴答""滴答"的响声，竺可桢蹲在门口"一、二、三、四、五……"默默地数着水滴，眼睛盯住石板出了神，他在思考为什么这些石板上会有一个一个的小坑呢？他带着疑问去向母亲请教。

竺可桢的母亲是一位贤良的女子，她听了儿子提问十分高兴，耐心地向他解释说："这就叫滴水穿石呀！别看那一滴一滴的雨水很微小，但是时间一长，石板就会被滴成小坑了。读书、做事情也是一样的道理，只要持之以恒，就会有所成就。"

从此以后，"滴水穿石"这句话深深地印在了竺可桢的脑海里，鞭策着他一生的工作和学习。

竺可桢在担任浙江大学校长时曾在校园的校门题写"求是"两个醒目的大字，这也是他本人一生的实践与追求。

竺可桢始终认为，一个科学工作者最重要的就是"求是"精神，也就是要从客观实际出发，经过广泛、深入、严谨的研究，得出正确的结论，并将

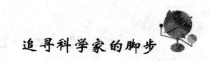

它付诸实践。

正是由于这种求真务实的精神，竺可桢极力倡导物候学研究，坚持数十年如一日的物候观测，并写成《物候学》一书，在国内外产生了深远的影响。

正是由于有这种精神，竺可桢每天用工整的小楷写日记，几十年如一日，现存的日记已有 40 多本。

竺可桢每天日记开头都记载当天的温度、气压、风、云、物候。这不仅是一位严谨、勤恳科学家的工作日记，从中我们也看到了他的心得感受和生活足迹。

竺可桢十分注重对我国气候、气候变迁和科学史的研究，科学地提出了气候变迁理论，受到了国际学术界的高度重视。不仅为国家作出了巨大贡献，同时也在国际学术界上赢得了荣誉。

追寻侯德榜的脚步

侯德榜（1890—1974）福建闽侯人，中国著名的化学家。

纯碱是制造肥皂、玻璃、纸张、冶金等不可缺少的工业原料，西方国家生产纯碱已有 100 多年的历史。由于生产工艺落后，生产成本很高，到 20 世纪初，中国还不会自己生产纯碱，工业生产所需的纯碱只能从国外进口。国外一些制纯碱的公司经常抬高价格，甚至不给供货，使得国内一些以碱为原料的工厂纷纷倒闭停业。

在美国留学八年取得博士学位的中国学生侯德榜，听说外国资本家用技术来压迫中国企业这一消息后非常气愤，他发誓要学成制碱技术，振兴民族工业，报效祖国。

1921 年 10 月，侯德榜回国任永利碱业公司总工程师，任务是要创建中国第一家制碱工厂。当时制碱通用的方法是用苏尔维制碱法生产。由于外国人封锁制碱技术，侯德榜只能自己摸索。经过不断地研究、试验、探索，在克服了种种困难之后，侯德榜终于探索出了苏尔维制碱法的奥秘。1924 年 8 月 13 日中国第一家制碱厂正式投产。

在具体生产过程中，侯德榜发现苏尔维制碱法存在着很多问题，制碱用的食盐质量低下，有 30% 的食盐都是废品，按照这样的生产方法来计算，成本太高。侯德榜打算用一种新的制碱法来取代苏尔维制碱法。

他首先分析了苏尔维制碱法的缺点，发现原料中有一半的成分没有利用上。怎样才能变废为宝呢？为此他设计了好多种方案，但都被一一推翻了。最后，他突然想到，能否把苏尔维制碱法和合成氨法结合起来，也就是说制碱用的氨和二氧化碳直接由氨厂提供，滤液中的氯化氨加入食盐水，让它沉淀出来。氯化氨既可作为化工原料，又可以作为化肥，这样就可以大大提高食盐的利用率，还可以省去许多设备的开支，例如石灰窑、化灰桶、蒸氨塔等。设想能否成功还要靠实践来验证。于是他又带领技术人员作了无数次实验，终于使梦想变成了现实。

这个制碱新方法被命名为"侯氏联合制碱法"，它使得用盐制碱的利用率从原来的70%一下子提高到96%。此外，把污染环境的废物氯化钙作为对农作物有用的化肥——氯化铵，还可以减少1/3的设备。这种制碱法使中国的制碱工业跨入了世界先进行列，开创了世界制碱工业的新纪元。

追寻茅以升的脚步

　　茅以升（1896—1989），浙江人，是我国著名的桥梁专家，主持修建了我国第一座长江大桥——钱塘江大桥，为我国桥梁事业的发展作出了杰出的贡献。

　　茅以升的爷爷很会讲故事，小的时候，爷爷经常给他讲故事，其中有一个故事令他印象最深，讲的是：古时候，在遥远的东海有一座山，山上住着一位白胡子老爷爷，他有一支神奇的笔，用它画鸟，鸟就能在天空中飞翔；用它画鱼，鱼就能在水中畅游；用它画桥，桥马上就会飞跨在江河上……多少年来许多人都想得到那支神笔，希望过上幸福美满的生活，但是没有人知道如何得到它的秘诀，所以也没人得到过这支神笔。茅以升听到这里迫不及待地问："这秘诀是什么呢？要是我知道了秘诀，不就可以造桥了吗？"

　　原来，在茅以升的家乡，只有一座桥。一次，由于年久失修，人们一拥而上挤塌了，很多人掉进河里。这些人都是从四面八方赶来参加这次规模盛大的庙会的。这件事极大地震撼了茅以升，他暗暗立志，长大了一定要为大伙造一座结结实实的桥。

　　听了茅以升的话，爷爷笑着从桌上拿起了一支笔，在茅以升的手心里写了两个字并拉着他的手说："这就是神笔的秘诀，只要你掌握了它，没有什么事是办不成的。"茅以升得到的秘诀是"勤奋"两个字，这两个字让茅以升陷入了深深的沉思，似乎明白了爷爷对他的殷切希望。

　　从此以后，茅以升时刻把"勤奋"二字牢记心头，从不浪费一点时间。一个偶然的机会，他看到一本书上圆周率的数字写到了小数点后面 100 位，便灵机一动，我何不用背圆周率来提高自己的记忆力呢？从此，茅以升就天天背起了圆周率。一次新年晚会的时候，茅以升熟练地把圆周率小数点后 100 位背出来，惊呆了全场的老师和同学，赢得了持续不断的掌声。

　　茅以升不但注意提高自己的记忆力，还注意培养自己的学习能力。在唐山路矿学堂学习的五年时间里，他共记下了大概有 900 多万字的 200 多本笔记。就算以每天记 2000 字的速度，光是抄，也需要 14 年的时间。

1916 年，茅以升以第一名的成绩考取了仅收 10 名的北京清华学堂的留美官员研究生。

茅以升为了儿时梦想的神笔，付出了多年艰苦的努力。有志者事竟成！他设计建造的许多座桥梁，正是他为祖国和人民"画"出的巨大贡献。

追寻林巧稚的脚步

林巧稚（1901—1983），福建厦门人，著名的妇产科专家。

林巧稚于1921年7月毕业于厦门女子师范学校，毕业后她就乘轮船赶往北平参加协和医科大学的招生考试。一同前往的同伴看到巧稚很自信，就问："巧稚姐，如果考不上协和怎么办？"巧稚很坚定地说："如果考不上，我就留在上海，找工作自己养活自己。然后继续复习功课，明年再考。"

前两天的考试都很顺利，可偏偏到了巧稚最拿手的英语考试时，却出现了意外。信心十足的她不一会儿就做完了大半部分，可和她一同前来赶考的姑娘却突然晕倒在考场里。

监考的美国教师用英语大声问："你们谁认识她？"林巧稚看了看只答了一半的考卷，站起来毫不犹豫地回答："我认识她。"

她放下笔，来到这位姑娘的跟前，仔细观察后发现是中暑了。巧稚马上作了一些处理，又给她在上海的亲戚打了电话。一切办妥之后，她刚回到座位准备答卷时，结束的铃声响起了，巧稚无可奈何地把只答了一半的试卷交给了老师。

回到住处，巧稚闷闷不乐，不知道今后的命运会怎么样。英语试卷没做完，这次肯定没希望上大学了。时间一天天地过去了，就在她几乎绝望的时候，一张录取通知书飞到了她的手中，惊喜万分的她简直不相信自己的眼睛，发呆地看着通知书上"林巧稚"三个字。

后来林巧稚才知道，她的英语试卷虽只做了一半，但她前两场成绩考得很好，而且从她已做好的英语试题中不难发现她的英语水平非常高。再加上她在考场上勇于救人、冷静处理问题的表现，这已充分证明了她具备做一名医生的基本素质，因此学校决定破格录取她。

北平协和医学院是当时美国教会办的一所医科学院。它是医学院又是医院，学制长达8年，对学生要求特别严格。林巧稚在这里刻苦学习了8个春秋，1929年毕业后又以优异成绩获得医学博士学位，并留在协和医院工作。

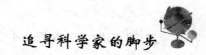

追寻科学家的脚步

　　林巧稚参加工作第一天起就刻苦敬业，决心将自己的一生都奉献给自己所热爱的医学事业。过去的协和医院，通常妇女只能担任护理员和护士，而林巧稚不仅是第一个女医生，而且还成为了第一位女主任。她整天忙着为病人治病，把全部的爱献给了医学，献给了产妇和婴儿。

　　由于她的工作成绩特别突出，1932年和1940年曾先后被派往英国和美国进修，还到过奥地利进行考察。回国后，林巧稚继续默默奉献在医院的医疗第一线，数十年如一日。

　　林巧稚具有丰富的妇产科临床经验，长期献身于妇产科的医疗、教学和科学研究工作，她医术十分精湛，医德无比高尚，得到了人们深深的爱戴，千千万万的产妇、儿童都亲切地称她妈妈、奶奶。被誉为医学界女英雄的她，在国内外都享有盛名，她培养人才、舍己为人的医疗作风一直被人们传颂至今。

追寻童第周的脚步

童第周生于 1902 年，是我国著名的生物学家。

童第周出生于浙江鄞县的一个名叫童家的山村里。他的父亲是一个秀才，在村里办了一家私塾，童第周是家里的第七个孩子。一个私塾先生要养活这么一大家人是相当不容易的，因此，少年时代的童第周根本不可能到外地去上洋学堂，只能随父亲在村子里的私塾念书。

几年之后，二哥被聘为宁波一所中学的教员，童第周便随二哥来到宁波，他在宁波师范预科念了一年，便决定投考宁波颇有名气的效实中学。

二哥知道了童第周的打算后，急忙加以阻止。他对弟弟说："效实中学三年级全用英语讲课，你在师范预科学的那么一点英语根本不够用，不要说你考不上，即使考上了，你也跟不上班啊！"

童第周告诉二哥，自从他有了投考效实中学的念头以后，他就在英语上格外下了一些工夫。而且，考期在暑假之后，他还有一个假期可以准备功课。因此，对于进入效实中学，他充满信心。

二哥见弟弟如此有志气，也就不再阻拦。童第周参加了插班生的考试，果然被录取了，只是在录取者的名单中他是倒数第一名。

但进入效实中学后，他的英语无法达到听课的水平，几何也使他伤透了脑筋。然而，童第周并不因此而气馁。为了使英语和几何成绩能够尽快赶上去，他起早贪黑地刻苦攻读。

一年下来，他不仅英语成绩不再落后，而且数理化成绩也名列前茅，几何还考了 100 分。

童第周高中毕业后的第二年，考入了上海复旦大学哲学系心理学专业。后来，在蔡堡教授的引导和帮助下，他又对胚胎学产生了浓厚的兴趣，没想到，这竟奠定了他一生事业的基础。

1930 年 8 月，童第周来到了比利时的布鲁塞尔留学。

热情的女房东介绍他去比京大学校长、第二国际党员勃朗歇尔教授那里工作。童第周到比京大学的第一天，勃朗歇尔就领着他去参观自己的实验室，并且把他介绍给自己的助手道克。当时，这个实验室正在进行一项难度极大的实验——剥离青蛙卵的卵膜，但是几年来，也没有成功过。卵膜的剥离成了实验工作的拦路虎。

第二年春天，勃朗歇尔教授病倒了，由道克接替实验室的工作。有一次，道克做青蛙卵膜的剥离手术又未获得成功。于是，他对童第周说："童先生，我看你的手很灵巧，你是否愿意试一试这个令人头痛的剥离手术？"

童第周坐到了解剖显微镜旁，操起一把尖利的钢镊，把一个青蛙卵钳到玻璃盘中，然后用一根钢针在卵细胞上轻轻一刺，胀鼓鼓的卵细胞立即松弛下来，变成了扁圆形。然后，他又用两把尖利的钢镊同时夹住卵细胞的中央，均匀地向两边一撕，卵膜立即被剥离得干干净净。整个手术过程用了不到5分钟。

站在童第周身后的道克看到这种灵巧而又娴熟的动作，情不自禁、使劲地摇晃着童第周的双肩："中国人了不起，真了不起！你战胜了上帝，为我们的实验开辟了一条道路！"实验室的其他人也围了过来，问童第周使用了什么"魔法"。

童第周一边重复着刚才的手术，一边解释说："其实道理很简单，因为卵内有压力，所以剥离就很困难；只要先在卵膜上刺一个洞，卵内压力就会降低，这样剥离手术就容易多了。"

从此，童第周赢得了更多的信任。经道克推荐，他所撰写的一篇关于"定位受精"的论文于1931年发表，并作为博士论文通过了答辩，从而获得了博士学位。

这年夏天，童第周同道克一起来到了法国海滨实验室，做海鞘的研究实验工作。他的才能在这里又一次显露出来，实验进行得很顺利，夏末秋初，他又返回了布鲁塞尔。就在这时，日本帝国主义在我国东北制造了震惊世界的"九·一八"事变，开始了对东三省的大举入侵。

1933年底，童第周绕道英国，踏上了归国的路途。童第周回国后，先是受聘于山东大学生物系，然后又到复旦大学生物系任教。当时的复旦已从上海迁移到了四川重庆附近的北碚。

有一天，他路过一家商店，发现那里有一架旧显微镜在出售，可价格却高达6万元。对于他这个穷教授来说，6万元无疑是个天文数字。第二天，当他再次来到这家商店时，发现价格竟然涨到了 6.5 万元。

从那以后，童第周就像着了魔似的，每天都要有意无意地转到那里看一看，生怕它被别人买走。童第周的妻子叶毓芬卖掉自己全部的首饰，又向亲戚朋友去借，最后终于凑够了买显微镜的钱。

有了显微镜，科研工作便顺利地开展起来了。高质量的论文一篇接一篇地从这个小镇寄了出去，引起了国内外生物学界的密切关注。

1943 年，英国科学家李约瑟到重庆考察，特别提出要见童第周。童第周领着李约瑟到几个鱼缸旁边转了一圈，然后来到了显微镜前。他对李约瑟说："您刚才见到的，就是我的全部家当。"

李约瑟感到相当吃惊："难道你就是在这样简陋的条件下完成研究工作的吗？"

童第周点了点头。

"奇迹！科学史上的奇迹！"李约瑟赞叹道。

临别的时候，李约瑟又问童第周："布鲁塞尔的实验条件很好，为什么你没有留在那里，而偏要到这里来搞实验呢？"

童第周只回答了一句话："因为我是中国人。"李约瑟听得出这句话的分量。他微笑着竖起了大拇指："中国人有志气。"小镇上的会晤，给他们两人都留下了美好的印象。

新中国成立后，童第周来到中国科学院动物研究所。在生物遗传学和胚胎学领域，美国科学家摩尔根通过对果蝇的实验研究，建立了遗传学体系，成为一名享誉世界的人物。童第周十分尊敬这位大名鼎鼎的学者，但有一个问题长期困扰着他：摩尔根的染色体学说认为，世界上千差万别的生物，在传宗接代的家谱中，之所以能保持子孙相传的遗传性状，主要是通过染色体的化学成分来控制的。指导细胞一切生命过程的指令，都是从细胞核发出的，细胞质只能接受细胞核的控制，而不能在遗传中有所作为。

情况究竟是不是这样呢？惟有通过实验研究来加以证明。童第周和他的研究小组以金鱼和鲫鱼为研究对象，开始了一项前所未有的实验。结果证明：生物性状的遗传，并不完全取决于细胞核，细胞质也表现出了其主动、积极的作用。

童第周的成果引起了整个生物学界的关注。1972 年，美籍华裔学者、美国费城坦普尔大学生物系教授牛满江来华探亲，特地参观了童第周的实验室。

他回到美国以后，立即给童第周写信，提出了合作研究的愿望。这以后，童第周和牛满江共同进行以金鱼和鲫鱼作为对象的实验。

经过辛勤而富有创造性的工作，终于取得了令人振奋的成果：他们把从鲫鱼的卵细胞质里提取的信息核糖核酸，注射到金鱼的受精卵细胞质里，结果得到了一种性状有着明显变异的鱼种。这种鱼虽然有着金鱼那样肥大的头部和丰满的躯干，浑身也披着金光闪闪的鳞片，但却脱去了金鱼那条华丽的纱裙，换上了像鲫鱼那样利落的单尾。在他们用这种方法培育出来的320条幼鱼中，有106条出现了单尾的性状，占总数的33.1%。这证明核糖核酸对生物的遗传发育有着明显的影响。人们亲切地把这种鱼称为"童鱼"。

粉碎"四人帮"后，童第周担任了全国政协副主席和中国科学院副院长等社会职务，虽然这时他的脑血管和心脏都出现了明显的病症，他仍然夜以继日地进行着科研工作。1979年3月30日，科学界一颗璀璨的明星，在辛劳忙碌中陨落了。

追寻周培源的脚步

周培源（1902—1993），江苏无锡人。我国著名的物理学家、教育家、社会活动家，中国科学院院士。

周培源是我国著名的物理学家，他以"独立思考、实事求是、锲而不舍、以勤补拙"作为自己的人生格言。

周培源的一生进行过近百个科研课题的研究，这些几乎全都是通过他自己独立思考选定的。周培源在 20 世纪 20 年代研究的爱因斯坦广义相对论中提出了著名的引力论，石破天惊地提出了"坐标有关"论。多少年来，"坐标无关"论者与"坐标有关"论者各执一词，争论不休。周培源来到美国普林斯顿，当时爱因斯坦已受聘为普林斯顿高等学术研究所教授，并在这里举办了广义相对论讨论班。周培源参加了讨论班，并当面向爱因斯坦阐述了自己在这方面的研究成果。

周培源说过："锲而不舍或许就是人生能够办成几件事的要诀之一。"在 20 世纪 20 年代至 40 年代，他选定爱因斯坦广义相对论引力论作为自己科研和教学的主攻方向。他回顾说："20 年代，我曾研究过广义相对论引力论，并取得了一些成果。后来又继续广义相对论引力论的研究；在引力论研究中，20 年代我曾提出'坐标有关'论；直到 90 年代仍在进行科学实验以充分地证实它。"周培源的一生都在锲而不舍地进行着研究。

文革期间的"中央文革小组组长"陈伯达，为抢夺"科学革命旗手"这一称号，想利用爱因斯坦广义相对论学术上的争论来取得周培源的支持与信任，达到他不可告人的目的。周培源一口拒绝了陈伯达，并明确地对他说："爱因斯坦的狭义相对论已被事实证明是批不倒的，爱因斯坦的广义相对论在学术上有争论，可以讨论。"周培源拒绝批判爱因斯坦的事情。在文革的环境下他顶撞了陈伯达，他的勇气和精神是多么可嘉呀！

周培源针对"四人帮"贬低、摧毁基础理论研究的行径，于1972年10月6日在《光明日报》发表文章，从理论上阐明了加强基础理论研究的重要性，并写信给周总理，提出了加强基础理论研究的三点建议，得到周总理的大力支持。

作为久负盛名的社会活动家，周培源在国家领导工作中表现出来的高超才干深受国内外各界人士的钦佩。

周培源不仅喜欢科学事业，还热衷于教育事业，他把自己的祖居献出来，作为宜兴市科学技术协会的青少年科普活动站。

上了年纪的周培源还以人民喜爱的老黄牛自喻："老牛明知夕阳晚，不用扬鞭自奋蹄。"他奋进、锲而不舍的一生为我们留下了宝贵的精神财富。

追寻苏步青的脚步

苏步青（1902—2003），浙江平阳人。
我国著名的数学家，微分几何领域的专家。

1902 年，苏步青出生在一个贫困的农民
家庭。他从小就学会割草、喂猪。由于家境
贫寒，小步青不能像富裕人家的孩子那样上
学读书。每当路过村里的私塾时，苏步青总
要停在那儿听一阵。他常借一些书来读，如
《水浒》、《聊斋》、《左传》等等。这类书籍
苏步青都反复读过很多遍。虽然他年纪小，
读起来似懂非懂，却总是爱不释手。父亲见
儿子这样爱好读书，决定省吃俭用也要供他
上学。

苏步青 9 岁那年，父亲挑上一担子米作为学费，带着他走了 100 多里山
路，来到平阳县第一小学，当了一年级的插班生。从山沟来到县城，苏步青
大开眼界，看到的，听到的，什么都感到新鲜。他整天玩耍，忘记了功课，
结果，在期末考试中考了倒数第一名。

第二年，位于家乡 10 多里外的水头镇，建起了一所中心小学，苏步青就
转到那里继续求学。因为家庭贫穷，被个别老师看不起，甚至遭到有意刁难。
有一次，他写了一篇国文，其中有两句佳句，使得整篇文章很有特色。不料
老师却怀疑他是抄来的，后来虽查清确实是他自己写的，但老师仍给他的国
文批了"差"等。这件事深深地伤害了苏步青的自尊心，他就用不听课，尽
情玩耍来表示抗议。结果，这学期他又得了倒数第一名。

新学年开始，调来一位新老师。他发现苏步青挺聪明，可是贪玩不用功，
就找他谈话并启发他。

苏步青听了老师的教导，觉得很惭愧，但心里依旧不服气："读书有什么

用呀，文章做得好，还说是抄来的，查明是我做的，还批我'差'等?""文章好坏，不是哪个老师可以决定的，个人的前途也要自己去争取。我看你的资质不差，又能吃苦，只要努力学习，一定会成为有用的人才……"老师的话鼓舞了苏步青。他决心不辜负老师的期望，做一个有所作为的人。

从此苏步青发奋学习，刻苦读书，不放弃任何一个机会。经过自己的不懈努力，苏步青的考试成绩，一直保持着全班第一。

追寻高士其的脚步

高士其（1905—1988），著名的微生物学家、化学家和著名的科普作家。

高士其从小就是个勤奋好学的孩子，尤其是他学习英语的故事，特别耐人寻味。

一天，学校校长把高士其叫到办公室，告诉他清华留美预备学校要招收一批新生。高士其听后激动不已。但是，小高士其却被难住了，清华留美预备学校明确规定：凡报名的人都要进行英语考试，而高士其所在的福州明伦小学没开过英语课，这可怎么办？突然，他想起了刚从"洋学堂"毕业回来的大叔，他的英语水平一定很高。于是，便跑到大叔家里请他教自己英语，大叔很爽快地答应了他的请求。在高士其的不断努力下，他的英语水平提高得非常快。工夫不负有心人，1918 年他以优异的成绩被清华留美预备学校录取了。

高士其来到北京后，参加了学校的新生复试。由于他的考试成绩特别优异，学校破格批准他跳级插入二年级学习。

然而，一个意想不到的困难正等待着高士其。清华留美预备学校里的学生毕业后是要到美国去学习的，所以学校特别重视英语口语的教学，高薪聘请了许多外国英语老师，上课全部用英语讲课。这对入学前只自学了两个月英语的高士其来说，真是一件大难事。但是高士其并不害怕，不懂的地方他就虚心请教老师和同学们。他为此专门准备了一个小本子，上面密密麻麻地抄满了英语单词和常用句型，走路、洗脸、甚至吃饭时都不停地背英语单词，不到一个学期，勤学好问的高士其就能够轻松自如地听懂老师的讲课了。又一个困难被他克服了。

1925 年高士其赴美留学，进入威斯康辛大学化学系，1927 年获学士学位。正当他准备报考化学系博士生的时候，不幸的事情发生了，他父亲来信说他的姐姐被霍乱夺去了年轻的生命。这使他想起了死于白喉、年仅 4 岁的弟弟，高士其悲痛万分，他们都是被病菌这个"小魔王"夺去生命的。于是，高士其毅然决定放弃原来攻读化学专业的打算，转向细菌学，进入芝加哥大学医学研究院继续深造。

在医学研究院期间，高士其专门研究细菌学，立志与病菌这个"小魔王"抗争到底。他刻苦学习，忘我地工作，老师和同学都被他的献身精神所感动。但不幸也降临到高士其身上。

1928年，他在培养一瓶脑炎病毒时，瓶子突然破裂，毒液四溅，顺着耳朵侵入了他的大脑，使他染上了甲型脑炎，变成了残疾人。医生劝他放弃学术研究，回国休养。可是，高士其态度极其坚决，他一定要留下来完成未完成的学业，继续与病菌作斗争。于是，他以惊人的毅力与病魔顽强作战，读完了全部博士生课程。

1930年，回到祖国，高士其怀着一颗热诚的心就职于南京中央医院。可当他目睹医院里那些"商人加官僚"式的医生贪污、堕落和腐败时，心里非常难受，他愤然辞去检验科主任的职务，离开了中央医院。他将自己原来的名字"高仕錤"改为高士其，他愤怒地表示："扔掉人旁不做官，扔掉金旁不为钱"，表现出不为名利的高尚情操。

高士其辞去了工作，经济没有来源，使他陷入了生活的困境，病痛也在时时刻刻折磨着他。这时，他在美国留学时的好友李公朴向高士其伸出了援助之手，把高士其接到了他的家中休养。但高士其不久便移居上海，他靠翻译文章和写作挣得的一点点微薄的收入度日，生活过得很艰苦。在此期间，他结识了一批优秀的地下共产党员，在他们的影响启发下，他清楚地认识到要惩治病菌这个"小魔王"，必须消灭旧制度这个"大魔王"。于是，他毅然拿起笔，高举"大众科学"的旗帜，开始从事科学普及工作。他向病菌宣战，他向旧制度宣战，以科学小品和科学文艺为武器，在这条艰难的道路上奋勇前进。高士其以顽强的意志与病魔展开斗争，克服了常人难以忍受的许多困难。到抗日战争前夕，他写出了《活捉小魔王》等近100篇科普文章，不仅向人民大众传播科学文化知识，对唤起人民、团结抗日、抨击国民党反动派的"不抵抗主义"，也起到了积极作用。

1937年，高士其勇敢地奔赴革命圣地——延安，成为我国"第一位红色科学家"。解放后，在党和人民的关怀与照顾下，高士其忍受着病痛的折磨，坚持学习科学知识和马克思主义，创作出了大量的优秀作品，为我国的科学普及工作作出了重要贡献，深受广大人民群众的尊敬和喜爱。

追寻赵九章的脚步

赵九章（1907—1968），浙江吴兴人，动力气象学家，地球和空间物理学家。

赵九章刚开始读书是在私塾里，他聪明、勤奋，学习成绩一直名列前茅。但由于家境越来越差，他 13 岁时，父母再也无力供他念书了，无奈他只好到一家小店铺里当学徒来帮助家里挣钱。小九章白天勤恳努力地干活，晚上则忍着白天的疲惫熬夜学习。

一天深夜，赵九章独自一人在店铺里埋头读书。老板娘起来上厕所，发现了店铺里的灯光，走过去一看，见赵九章正在聚精会神地看书，不由气得火冒三丈，立即破口大骂起来："你这个该死的东西，深更半夜不睡觉，点灯耗油干什么？给我把灯熄了！"

赵九章没有办法，只得吹灭了油灯。怎样才能做到既可以看书又不被老板娘发现呢？想了许久，他终于想出了一个十分巧妙的办法：他削了几根又小又薄的竹片，把它们弄成一个像灯罩似的骨架，然后一层一层地糊上十几层厚而不易透光的纸，做成了一个上尖下圆的灯罩。赵九章又在灯罩的一边开了一个小小的孔，从小孔里射出来照在书上的光线一次只能照亮两三个字，但这对他来说也足够了。就这样，每天晚上等老板娘睡后，赵九章就在小油灯下不断地移动手中的书，几个字几个字地坚持读书学习。

老板娘自从骂过赵九章以后，发现赵九章每天都是早早地上阁楼熄灯睡觉，觉得有些奇怪。于是在一天夜里，她偷偷地爬上阁楼，赵九章的秘密又被她发现了，老板娘气得大发脾气，把灯罩撕得粉碎，小油灯也被拿走了。

夜里没法读书了，赵九章就把书上的定义、公式、定理按顺序剪下来，藏在口袋里，空闲时就掏出来看看，从不松懈。终于，在半年多的时间里，他坚持自学完成了初中的物理学课程。

赵九章的姑姑见他如此好学，决定资助他读书。后来，赵九章终于考入了中州大学附属高中，实现了他的求学梦想。

毕业后，赵九章留学德国。数年后，赵九章带着他的满腹学识回到了祖国，为我国动力气象学的研究工作开创了新局面。解放后，赵九章致力于我国地球物理学、空间物理学的发展和海浪的研究，在信风带动力学方面作出了巨大贡献，他是第一个提出"西风带中长波存在不稳定现象"的人。除此之外，在其他科学领域，赵九章也作出了很多卓越贡献。

追寻华罗庚的脚步

华罗庚（1910—1985），世界著名的数学家，江苏金坛人。

华罗庚生于 1910 年，他出生时，他的父亲已经 40 岁了。因为中年得子，所以父亲对他十分疼爱。父亲靠代人收购蚕茧之类的杂货维持一家人的生计，家里生活十分贫困。贫穷的生活使得华罗庚身体非常瘦弱，再加上他整天没日没夜地钻研数学，使本来瘦弱的身体更加经不起折腾。在他 20 岁时，金坛流行瘟疫，他那虚弱的身体自然逃不过这一劫。这一次他病得奄奄一息，父母急得四处求医，可是华罗庚依旧高烧不退。虽请来了有名的老中医，但看了以后，也是无可奈何地摇摇头说："他剩下的日子不多了……"听了医生的话，全家人陷入了绝望之中，他母亲因为受不了这样的打击而离开了人世。

谁知奇迹出现了。华罗庚的高烧竟慢慢地退了，他侥幸逃脱了死神的魔掌。可是，他的左手小指渐渐发肿，接着是左臂疼痛，后来是左腿疼痛，最后是整个左边身子全都痛起来。当华罗庚挣扎着站起来时，才发现左腿的大腿骨已弯曲变形，再也伸不直了。从此，他便落了个终生残疾。

初中毕业后，由于家庭困难，华罗庚只在上海中华职业中学念完一年就辍学了。回来后，他给父亲当助手，共同经营杂货铺。但酷爱数学的华罗庚在工作之余，仍然刻苦地钻研数学。顾客买东西，他经常是答非所问。为此，人们便给他起了个绰号叫"罗呆子"，把他的那些数学书称为"天书"。

有一天，华罗庚在一本杂志上看到了苏家驹教授写的关于《代数的五次方程式之解法》这篇论文，他深深地被吸引住了，然而他很快就发觉苏教授的论文写错了。年仅 19 岁的华罗庚并没有被权威吓住，而是马上写了一篇《苏家驹之代数五次方程式解法不能成立之理由》的论文，寄给了上海的《科学杂志》。

这篇论文很快就在《科学杂志》上发表了，由于这篇论文的逻辑严密、层次清楚、语言明快，一经发表便引起了中国数学界的老前辈、清华大学数学系主任熊庆来的注意。

熊庆来托人四处打听，后来总算了解到华罗庚的情况。他听后大为震惊，立即写信邀请华罗庚到清华大学来。华罗庚此时大病初愈，为治病家里已经是债台高筑，根本没有钱买车票，华罗庚只好回信婉言谢绝。

熊庆来十分执著，他再一次来信："你若不来京，我就专程赴金坛拜访！"华罗庚只好借了钱来到北京。

从此，老一辈的数学大师与初出茅庐的青年结成了忘年之交。华罗庚有恩师亲自指点，如鱼得水，进步飞快。

当时我国的数学水平还比较落后，能在国外发表论文的人并不多。一个教授如果能在国外发表一篇论文，会感到无比荣耀。可刚来清华不久的华罗庚，用英文一连写了三篇数学论文寄到国外，篇篇都被发表了！

1936 年，在清华大学理学院院长叶企苏和数学系主任熊庆来的推荐下，华罗庚辗转万里，前往英国剑桥大学留学。当时在剑桥大学任教的著名数学家哈代，听说华罗庚要来，便有意亲自培养他。但碰巧他要去美国讲学，因此托别人留下一张纸条："华来后请转告他，他可以在两年之内获得博士学位。"正常情况，博士学位要三年才能获得，而哈代破例让华罗庚减少一年，可见对他相当欣赏。

博士学位是诱人的，然而华罗庚却拒绝了哈代的好意，他说："我无意获得博士学位，只想做一个'访问者'。"

华罗庚一到剑桥，就立刻投身于紧张的学习和研究中。在两年时间内，他向华林问题、哥德巴赫猜想问题……发动了一次又一次的猛烈进攻，并在欧洲连续发表了十几篇论文。特别是他在他利问题的研究中，发现了一个重要的定理。这个定理解决了数学家哈代一直没有解决的问题。后来，为了纪念华罗庚的这一重大发现，这个定理被称为"华氏定理"。

华罗庚从 1940 年起开始写《堆垒素数论》，当时的写作条件是非常艰苦的。华罗庚自己回忆道："晚上，一灯如豆。所谓灯，乃是一个破香烟罐，放上一些油，再摘些破棉花做灯芯。为了节省灯油，还得把心子捻得小小的。"就是在这样的条件下，他仍然坚持不懈，呕心沥血，花费了整整三年的时间，写出了长达 60 万字的巨著《堆垒素数论》。除中文稿之外，还译成了英文。他亲自把中文书稿送交当时设在昆明的中央研究院，可是当时中央研究院却一推再推，将书稿束之高阁。无奈之下，华罗庚只好请求退回书稿，谁知，书稿竟不知去向！三年心血，付诸东流！华罗庚经受不住这个沉重的打击，并因此生了一场大病。这是他经历的又一次劫难。

幸亏手头还有英文稿！后来华罗庚将英文稿寄给前苏联的一家教学研究所，他们将文稿译成俄文后出版了。解放后，为了出这本书的中文版，中国数学研究所又由俄文译成了中文。

1946 年，华罗庚到美国后，被伊利诺大学聘为终身教授，年薪一万美元。他在美国期间受到了美国科学界的高度重视，华罗庚和夫人还有幸会见了科学巨匠爱因斯坦。后来，华罗庚成为了美国科学院历史上第一个当选为外籍院士的中国人。

但华罗庚一心挂念着自己的祖国。祖国一解放，他就立即携妻子儿女悄然登上了回国的轮船。

文化大革命期间，华罗庚遭到"四人帮"的刁难和指责，但他忍辱负重，始终想为数学在生产中的实际应用作点贡献。他不顾自己带病的身体，跋山涉水，到处去推广"优选法"、"统筹法"。

然而十年后，历经磨难的华罗庚终于没能逃出劫难。

1985 年 6 月 12 日下午 4 时，年过七旬、满头银发的华罗庚精神矍铄地站在东京大学的讲台上。起初，他用中文讲，然后由翻译译成日语。但他感到这样浪费时间，因此在讲到数学的专门问题时，就直接改用英语讲。会场上鸦雀无声，在场的日本学者们都全神贯注地聆听着这位见解精辟的学者的论述，不断地用掌声表达无比的敬意。日本朋友听说他身体不好，特地为他准备了轮椅，但他在讲话时几乎一直都是站着讲的。他越讲越兴奋，越讲越激动，不一会儿，便满头大汗……

原定讲演时间是 45 分钟，但看到台下的反应如此热烈，他便对会议主席说："规定的时间已经过了，我还可以再延长几分钟吗？"得到允许后，他又继续讲下去，这次演讲持续了 1 小时零 5 分钟。掌声持久而热烈，他被听众们的热情深深感动了，他准备再讲几句话，但刚讲出一句在场人还未听清的话，华罗庚突然从椅子上滑了下来……他因心脏病发作，抢救无效，再也没有醒过来！他实现了生前多次表示过的愿望——工作到生命的最后一刻！

追寻钱学森的脚步

钱学森生于 1911 年，是我国现代著名的科学家，世界著名航空、火箭专家，被誉为"中国航天之父"。

1936 年秋天，从麻省理工学院获得硕士学位的钱学森，慕名来到洛杉矶市郊的加州理工学院航空系，他要拜大名鼎鼎的后来被誉为"超音速飞行之父"的冯·卡门为师。

冯·卡门提出要面试这个中国学生，当钱学森迅速而又准确地回答了他所有的提问后，冯·卡门被钱学森敏捷而又富于智慧的思维所吸引，立即同意收下这个中国弟子。从此师生二人共同合作，在人类喷气推进史上写下了光辉的一页。

在民主的学习环境中，钱学森很快就进入了科学的前沿，他开始与卡门共同研究课题。钱学森帮助卡门提炼思想，使一些很艰深的命题变得豁然开朗。他们成了亲密的合作者。"卡门——钱公式"就是这一合作的结晶。这一公式是空气动力学中的一个重大成果。

有一天，卡门的三个学生提出，要老师帮助他们建造火箭。卡门当时就被这几个年轻人的大胆设想所吸引，并同意他们使用航空实验室来从事火箭研究。后来钱学森和另外一个硕士研究生也参加了进来，组成了五人火箭研究小组，取名"火箭俱乐部"。

火箭小组实验的次数越多，危险性就越大。宁静的校园经常被爆炸声扰得不得安宁，不少师生纷纷提出抗议。最后校方不得不"勒令"停止实验活动。

但火箭小组的实验，引起了美国军方的注意。他们经过慎重选择之后，决定委托钱学森来负责这项研究。火箭小组不负众望，提出了关于三种火箭导弹的设想。第二次世界大战结束时，美国空军曾高度赞扬钱学森：为战争的胜利作出了"无法估量的重大贡献"。

1944年，在美国空军司令亨利·阿诺德的支持下，冯·卡门组织了一个由36个有关方面的一流专家组成的科学顾问团，钱学森担任火箭组的主任。第二次世界大战结束前夕，阿诺德将军意识到要赶紧把德国的先进导弹成果和技术专家接收过来。于是，卡门被军方授予少将军衔，钱学森被授予上校军衔，他们这一批技术专家被派往德国进行考察。

德国之行开阔了钱学森的眼界和思路，使他对火箭的研制有了更新、更为大胆的设想。他在1950年2月的一次演说中指出：火箭或导弹，每小时能飞行一万英里，不仅是一种可能的事情，而且现在已经接近完成的阶段。他当场为未来能够飞行一万英里的火箭式导弹画出了具体的形状：一枝好像中间有一双小翅膀的铅笔，长约90英尺，全身重量和特种混合燃料加在一起，大约有5吨重。钱学森还对这种火箭的性能作了详尽的分析和推测。

钱学森的这一见解在当时被称为"惊人的火箭理论"。纽约等城市的一些报刊纷纷加以报道，并且同时刊登了钱学森的照片。此外，还出版了一些有关他设计的火箭的连环画。

钱学森在美国期间，受到了丰厚的待遇，但他并不准备在美国待一辈子，他在美国学习和研究都是为回归祖国作准备。1949年的中秋节，也就是新中国成立后的第六天。钱学森和十几位中国留学生共度佳节，畅谈祖国的未来，长久以来埋藏在心中的愿望这时强烈地爆发出来了：早日回到祖国去！

正当钱学森即将回国之际，不幸的事情发生了。1950年2月，美国参议员约瑟夫·麦卡锡宣称，他掌握了一份在国家部门里工作的205名共产党人名单。一时间，以麦卡锡为首的狂热反共分子，在美国掀起了政治迫害的恶浪。

加州理工学院也未能幸免。钱学森及火箭小组的同事们开始受到接连不断的迫害。有的人甚至因否认是共产党人而被捕入狱，其他的人也失去了在加州理工学院工作的机会，只能放弃专业去从事不接触机密的商业活动。

1950年7月，钱学森的"国家安全许可证"被军事部门吊销了。这意味着他将不能再在科学实验室里进行喷气推进的研究了，于是钱学森决定立即动身回国。

钱学森赶往华盛顿，来到海军次长金布尔所在的五角大楼办公室，向这位军事科研计划的负责人说明了有关情况。

"他们已经拿走我的国家安全许可证，我已经无法去学校里做许多我想做的事。我决定回国，因为我是中国人。"钱学森说。

金布尔听了大吃一惊，连忙说："你不能离开美国，你太有价值了。"

金布尔一方面假惺惺地劝钱学森留在加州理工学院，在未澄清国家安全许可证的事之前，改为担任数学教授，并且答应替他介绍一位辩护律师；另一方面，在钱学森离开之后，他就立即拿起电话打给移民局，告诉他们，无论如何不能让钱学森离开美国。

1950年8月23日午夜，钱学森一家乘飞机从华盛顿抵达洛杉矶，刚一下飞机，移民局的总稽查就迎上前去，立即向他宣布一道由司法部签署的命令：根据法律，不准他随便离开美国。

在这种无理的阻挠下，钱学森被迫退掉机票，回到加州理工学院。之后，他们一家人的活动便时刻受到联邦调查局的严密监视。

这一期间，美国海关还非法扣留了钱学森的全部行李，一大批联邦调查局的人员涌到洛杉矶港口的仓库大肆搜查。联邦调查局故意耸人听闻地制造谣言，说从钱学森的行李中查获了大量记有密码的书籍、照片、草图、记录以及大批有关火箭研究的技术资料，并宣称"这个狡猾的中国人的全部活动证明，他就是共产党的间谍"。然而谣言毕竟是谣言，联邦调查局的调查人员查来查去仍一无所获，最后不得不承认，被检查的所有书籍、笔记中，除了一些书籍和科学杂志以外，其余都是钱学森自己的学术研究记录。

9月9日，美国联邦调查局在没有任何证据的情况下，以"企图运输秘密的科学文件回国"这一"莫须有"的罪名，将钱学森逮捕并宣布他是"不受欢迎的人"。钱学森被关押在特米那岛上的一个拘留所里，看守人员对他进行了惨无人道的折磨和迫害。

加州理工学院的师生及各方面的友好人士，听到钱学森被捕的消息后，立即向美国当局提出强烈抗议。要求释放钱学森。在各方面的压力下，移民局于9月22日释放了钱学森。

这以后的五年里，钱学森名义上虽然自由了，但实际上是被软禁了。他不能离开居住地洛杉矶，他的信件和电话都要受到严密的检查和监视。

在这五年期间，钱学森并不是消极地等待回国，而是积极地为回国作准

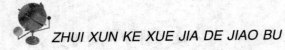

备。一方面，他尽可能地将以往有关军事机密的研究心得和资料反复进行翻阅，他知道美国是不允许他将这些资料带回国的，因此只能牢牢记在脑中；另一方面，他又开始了一门新学科的研究，那就是工程控制论。工程控制论看起来与国防研究无关，其实它与许多国防问题、生产过程自动化、电子计算机等都有密切联系。

1954 年，钱学森的《工程控制论》一书在美国发表，它标志着一门崭新的科学技术的正式诞生。书发表以后，美国人四五年内是不会读懂的，因为钱学森的科学思想远远超越了他当时所处的时代。

1955 年 6 月，钱学森在一封家书中夹带了一封短信，信是写给全国人大常务委员会副委员长陈叔通的。信中，钱学森请求党和政府帮助他早日返回祖国。

这封信很快被转交给了周总理。周总理看完信后，指示王炳南在中美日内瓦会谈上与美方进行斗争。经过不懈地努力，1956 年 9 月 17 日，钱学森一家人乘坐"克利夫兰总统号"轮船，踏上了回国的旅程。10 月 18 日，他们终于回到了祖国的怀抱！

回国后，钱学森对我国科学事业的发展作出了重大贡献，被人民誉为"中国的导弹之父"。

追寻钱伟长的脚步

钱伟长，1912 年出生于江苏无锡人，中国近代力学的奠基人之一，擅长数学、物理学、中文信息学，著述甚丰，是罕见的科学全才。

出身江苏无锡县农村的钱伟长，由于家境贫穷，少年时长得十分瘦弱，穿得十分寒酸。见他这副模样，连祖母也断定他不会有什么大出息。

为了生计，钱伟长从小就不得不帮助家里干活。白天帮妈妈摘桑叶养蚕，晚上在油灯下跟妈妈学糊火柴盒和挑花，从早到晚地忙碌着。可忙里偷闲他还是常常和其他小伙伴到河中摸些小鱼小虾，或到田野里挖野菜。

钱伟长原本在本村的一所小学里读书。不幸的是一场无情的大火吞噬了他家的房子。全家人只好到镇上租房子住，因而上学地点也经常变动。懂事的他深知上学机会的来之不易，所以他加倍用功、努力地读书。

全家人挣扎在饥寒交迫之中，身为家中长子的钱伟长，主动帮助家庭挑起生活的担子，可是他太喜欢念书了，所以只好在放学后多干些活。

父亲知道了家中发生的事，从外地赶了回来。他认为孩子只有好好念书，有一技之长将来才不会受人欺负，于是把钱伟长带到无锡的一所工商学校念书。可爱好文学的钱伟长，改进了县立初中。

钱伟长断断续续地念完了初中，考进了苏州中学。由于前几年的读书并没有获得系统知识，许多课程过去没学过。但他没有被困难吓倒，凭着自己的意志和毅力，认真对待每一堂课、每一道题。经过三年苦读，钱伟长终于获得了优异成绩，高中毕业了。

一听说上海有个化学家每年都为几个学生提供奖学金，他想去试试。钱伟长一个人来到上海，一个月内先后考取了五所大学，最后他选择了清华大学。

　　钱伟长 1940 年公费留学加拿大，研究板壳理论颇有成就，1942 年获博士学位。后来到美国加州理工学院和喷射推进研究所，与钱学森、林家翘、郭永怀一起在冯·卡门教授的指导下从事航空航天领域的研究工作，主要从事火箭弹道、火箭空气动力学设计、气象火箭、人造卫星轨道、火箭飞行的稳定性、超音速空气动力学问题等研究，除此之外，还有飞机颤振、潜艇设计、润滑理论、压延加工、连续梁等，并成为固体力学和流体力学大师。

　　在冯·卡门寿辰祝寿文集中收有钱伟长的板壳论文，这篇论文使得他被作为最年轻的中国学者跻身于一批世界著名学者之中。

追寻钱三强的脚步

钱三强（1913—1992），浙江绍兴人，核物理学家，中国科学院学部委员。

1913年出生的钱三强，9个月大就随父母从故乡去了北京。"五四运动"爆发之时，他才刚记事，就目睹了担任北大教授的父亲彻夜为《新青年》杂志写文章的激情，这在他幼小的心灵里烙下了深刻的印象。

少年时期的钱三强很喜爱读书。从孙悟空的神奇变幻、梁山英雄的仁侠好义到三国时代威武雄壮的战争史剧，他得到了不少的精神滋养。

在北伐军胜利的捷报声中，他看到了孙中山著的《建国方略》一书。书中勾画了未来中国的美好蓝图，被黑暗笼罩着的中国仿佛立见光明，钱三强一口气将它读完。"对，要使国家摆脱屈辱，走向富强，非建立强大的工业，非学习科学知识不可。"他这样勉励自己，专心致志地学习。

可是，祖国山河破碎、同胞受辱，他如何能安心于课堂学习呢？《告全国民众书》中说："现在一切幻想，都给铁的事实粉碎了。安心读书吗？华北之大，已经安放不下一张平静的书桌了！"钱三强无法平静了。他愤然撇下即将要考试的功课，积极参加了反对日本帝国主义的侵略、保卫华北的大游行中。

游行队伍浩浩荡荡地向前挺进着。寒冷的气温冻僵了他们举旗的双手；隆冬的北风像刀割一样，吹在他们脸上。"为祖国而战，当人权自由而战！"他与同学们唱着："听吧，满耳是大众的嗟伤！看吧，一年年国土的沦丧！……"钱三强唱着，喊着，热泪滚滚而下。西便门有一条铁路通向城内，可是没走多远他们就发现城门紧闭。他怒火万丈，与同学们用臂膀冲撞两扇大门，用木头冲击着这腐朽的城门。城头上面的军警急忙从上面丢下大量的石块，想驱散学生队伍。被激怒的同学们，一面冲着城门，一面向军警回敬石块。"哗!"一声巨响，铁门上的铜环脱落了，西便门终于被冲开了。

"冲啊！……"数百名学生如浪潮一般涌了进去。

钱三强与同学们赤手空拳，对抗军警的刺刀、警棍、水龙头，鲜血洒在

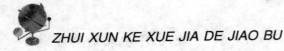

冰冻的大地上，刺骨的凉水浸湿了单薄的棉袄。流血的事实在钱三强脑海中打上了深深的烙印，政府腐败，青年学生怎能不肩负着救国的重任？

1936年，钱三强从清华大学毕业了，他选择了去法国留学。他在巴黎大学的导师是举世闻名的居里夫人，在居里夫人的带领下，他开始从事原子核物理的研究。学成归国后，他从事教学和科研工作，于1958年主持建立中国科学院原子能研究所，第一次亲自参与了原子弹爆炸试验，是我国卓越的原子能科学家。

他的许多重大科研成果，都来自物理研究方面。1966年，钱三强组织的北京基本粒子理论组，批判了当时国际上流行的基本粒子不可再分割的观点，提出了强子结构的层子模型，层子模型与夸克模型具有相类似的观点。层子本身是无限可分的，强子则由更深的一个层次的东西组成，这就是层子模型的基本观点。从这个设想可推出，所有强子都是由为数不多的几种层子构成。而层子可能有三种或九种，都带有分数电荷。层子的质量在理论上预计，大概为质子质量的十倍以上甚至几十倍。

晚年的钱三强身体日益衰弱，但仍担任了中国科协副主席、中国物理学会理事长、中国核学会名誉理事长等职务。他一直关心中国核事业的发展，为中国的科技事业作出了巨大的贡献。

追寻林兰英的脚步

林兰英（1918—2003），福建莆田人，半导体材料科学家，中国科学院院士。

20 世纪 20 年代的旧中国，重男轻女的意识还根深蒂固地存在人们脑中，尤其是在封建大家庭中，而林兰英就出生在这样的环境中。

为了能够像男孩子一样去上学，林兰英费尽了心思。她的母亲是一个农村妇女，没什么文化。在传统的观念里，女孩子小时候在家里帮大人干活、长大后嫁人是最正常不过的事，念书有什么用呢？可是，林兰英并不愿这样，她坚持要去上学。母亲为了让她没时间去想念书的事，就多安排活儿给她干。早晨天刚亮，林兰英就要起床给全家人做好早饭才能去上学，晚上回家后，还要做许多杂七杂八的家务。

林兰英就是这样坚持读完了小学，并以优异的成绩考入了中学。但接下来，她遇到了更大的难题。既然多做家务难不住林兰英，妈妈就以不给她交学费来难为她。林兰英下定决心：要靠自己的力量"挣"出学费。

于是，她更加刻苦学习、勤奋读书，到期末，她终于以优异的成绩获得了学校的助学金，自己"挣"到了学费。母亲也被她的决心和毅力征服，不再阻挠她去上学了。

在学校里、社会上，林兰英遇到了更多重男轻女的思想。"男孩天生就是比女孩聪明。"很多人常常在林兰英面前这样说。林兰英就是不服气，她要向所有人证明：女孩子是可以超过男孩子的。

初中时，林兰英是全校惟一的一名女生。每天进校门她都要鼓起勇气，更何况还要迎接那一束束充满蔑视和嘲笑的目光呢！林兰英把这种压力转化成她学习的动力，从初中到高中共 12 个学期，她一连考了 12 个全班第一名。老师和同学们不得不用佩服的目光来看她了，这种"女子不如男"的说法在林兰英面前不攻自破了。

高中毕业后，林兰英考上了福建协和大学数学系。大学毕业后，她曾留校任教。1948 年，林兰英漂洋过海去美国攻读博士学位。她用自己的国际行动推翻了传统的"女子不如男"的错误观念。

　　1957 年，林兰英回到祖国，从事半导体材料的科学研究工作。在她主持下，单晶锗、硅、锑化铟、砷化镓、磷化镓等先后研制成功，为我国半导体材料填补了空白，其中砷化镓材料的纯质达到国际先进水平。后来林兰英当选为中国科学院学部委员、中国科学技术协会副主席，成为我国著名的女科学家，是当之无愧的巾帼英雄。

追寻袁隆平的脚步

袁隆平，生于 1930 年，是我国著名的农学家、发明家，中国工程院士，被称为"杂交水稻之父"。

袁隆平 1930 年 9 月 7 日生于北京，自幼兴趣广泛，喜爱音乐、体育。他热爱农村的一草一木，深知粮食的得来不易，从小就立志要好好学习，将来报效祖国。他在重庆度过了中学时代，中学毕业后考入了西南农学院农学系。1953 年被分配到湖南安江农校教书。

60 年代初期，中国正处于严重的困难时期。老百姓忍饥挨饿，苦不堪言。这一切深深地刺痛了袁隆平的心，他下定决心，从事人工杂交水稻的研究，要生产出更多的粮食，解决人民的温饱问题。

1960 年 7 月的一天，袁隆平像往常一样来到校园外的早稻试验田观察，偶然间发现了一株特殊的稻子：共有 10 余穗，每穗有 160 ~ 170 粒。第二年，他适时将这独特的种子播到试验田里，结果分离变异现象十分严重，原有的优势没有发挥出来。面对这一结果，善于思考的袁隆平受到了启发。他马上想到孟德尔、摩尔根的遗传理论，顿悟道：那是一株"天然杂交稻"！袁隆平因此更加坚定了进行杂交水稻研究的信念。

当时，杂交水稻研究是世界上公认的难题，并且全世界都流传着"水稻是自花授粉作物，不良基因早已淘汰，既然自交不退化，那么杂交就没有优势"的观点。但袁隆平并没有因这些固有的说法而退缩，他坚信杂交优势是生物界的普遍规律。袁隆平利用水稻不育性，培育出不育系、保持系和恢复系，通过"三系配套"，代替人工雌雄杂交，来产生大量的杂种和新一代种子。

袁隆平确定自己的目标后，便开始了他的漫长的探索过程。

夏季骄阳似火，正是南方水稻的扬花季节。袁隆平头顶烈日，脚踏烂泥，手拿放大镜，像猎手搜寻猎物一样，在安江农校农场的稻田里寻找水稻雄性不育植株。第一天、第二天、第三天都无所收获，两手空空。直到第 14 天，袁隆平才发现了第一株雄蕊退化的水稻不育株。在 9 个月时间里，他前后检查了 14，000 余株稻穗，找到了 6 株雄性不育株，并对它们的杂交第一代和第二代进行了研究。他向世界吹响了"绿色革命"的号角。

然而，1966 年开始的"文化大革命"运动，给袁隆平的科研带来了阻碍，他成了"白专道路"、"三脱离"、"在人民讲坛上贩卖资产阶级货色"的典型。水稻试验秧苗被砸了个稀巴烂，但袁隆平并未因此而气馁，而是和助手南至广东、广西，西到云南不断地进行繁殖育种试验。1970 年 1 月他在云南元江县搞试验时，遇上大地震，连续在外露天住宿达 3 个月之久。

在党和国家的高度重视下，1975 年，由袁隆平任技术总顾问的试验田第一次获得成功，为 1976 年在全国大面积试种推广杂交水稻培育了大量的种植种子。

杂交水稻的研究成功，引起了国际上的瞩目，有关杂交水稻的研究在国际上开始兴起。

1979 年 4 月，在菲律宾首都马尼拉举行的国际水稻科研会议上，一个黑瘦的中国人，面对着 20 多个国家的水稻育种专家，用英语侃侃而谈，大讲水稻的种植经验。这位黑瘦的中国人就是袁隆平。与会者大多是国际知名专家，对这位中国来的农业学家开始时有些怀疑并不予以重视，但听了袁隆平的论文和即席答辩后，他们被深深地折服了。

当幻灯银幕上反复打出"杂交水稻之父"——袁隆平的字样和他的头像时，全场立刻响起了雷鸣般的掌声，大家一齐起立，向来自中国的专家致敬。

从此，"杂交水稻之父"——袁隆平的名字响彻全世界。

追寻陈景润的脚步

陈景润（1933—1996），福建省福州市人，著名的数学家。

陈景润是我国著名的数学家，从小就对数学十分热爱。他的一生都致力于数学研究之中，常常达到忘我的境界。

有一次，陈景润去人民大学看望一位老师。他低着头，一边走一边又思考起他的数学问题，突然，"啪"的一声，陈景润觉得被人撞了一下，他不禁叫道："哎哟，是谁撞了我呀？"可是当他抬起头一看才恍然大悟，原来是自己撞到一棵大树上了。

还有一次，陈景润带着两个窝窝头，一块咸菜，到图书馆去看书、查资料。不知不觉到了中午，他觉得肚子有点饿，便拿出早上带的窝窝头、咸菜，一边吃一边看书，越看越入迷，连图书馆下班铃响了，他都没有听到。图书管理员下班前在书库门口大声喊道："下班锁门了，请各位同志离馆。"陈景润还沉浸在自己的数学世界中，管理员锁上书库大门走了，他还在钻研、阅读、思考、演算。他忘记了周围的一切。

过了很久，他被一道题难住了，需要翻阅昨天晚上在家里的计算结果。他急匆匆向大门走去，到了门口才发现大门已经锁上了，这时已经是晚上八点多钟了，于是他便又回到原来的位子上接着看书。这天晚上，陈景润在图书馆整整看了一夜的书。

从以上这两个小故事可以看出陈景润对数学的痴迷程度。

1957年，陈景润给当时的中国科学院数学研究所所长华罗庚教授寄来了他关于哥德巴赫猜想的数学论文。华罗庚教授认为，陈景润是一位有培养前途的数学人才，决定调他来研究所工作。

其实早在解放前，陈景润在福州英华书院念高中时，他的一位数学老师，原清华大学航空系主任沈元教授（曾任北京航空学院院长，现为中科院院士）就曾说过："1742年，德国的中学教师哥德巴赫猜想，每个大偶数都可以写成两个素数之和。不过200百多年来还未得到证明。所以，'哥德巴赫猜想'成了一道数学难题。这是数学皇冠上的一颗明珠，吸引了成千上万数学家。"听了教授的启发，陈景润暗下决心，一定要摘取数学皇冠上的明珠。现在，陈景润在华罗庚的指导下向哥德巴赫猜想进军了，他开始向数学高峰努力攀登了。

1742年，德国数学家哥德巴赫提出"任何一个偶数均可表示两个素数之和"，简称（1＋1），这一猜想被称为"哥德巴赫猜想"。1966年陈景润经过不懈努力，终于证明了（1＋2）。1973年，他的论文《表达偶数为一个素数及一个不超过两个素数的乘积之和》一经公布，立即轰动了国际数学界，被世界数学界命名为"陈氏定理"。陈景润终于如愿以偿地登上了这座多少人毕生追求的数学高峰。

证明（1＋2），是陈景润凭着对数学的痴迷和顽强勤奋的努力所取得的，这离"哥德巴赫"猜想的最终结果（1＋1），仅剩一步之遥了。当然这一步的跨越有着难以想象的困难，但相信勇于攀登、不畏艰难险阻的人，一定会继承陈景润的事业，摘下那颗数学皇冠上的明珠。

追寻伽利略的脚步

伽利略，生于1564，是意大利著名的天文学家，他对物理学也有很大贡献，被后人尊称为"近代科学之父"。

公元1564年2月15日，伽利略诞生在意大利比萨城一个没落的贵族家庭。他的父亲是音乐家，喜欢数学。伽利略深受父亲影响，聪明好学的他，8岁开始上学，成绩非常优异，表现出非凡的观察能力与动手能力。他的父亲希望儿子能够像祖先一样成为一名医生，给家庭带来荣誉和财富。

在伽利略还是个孩子的时候，父亲就常谈到将来要送伽利略到比萨大学学医。可是伽利略似乎并不喜欢学医，他的脑子和双手从不闲着，在他不弹琵琶或不画画的时候，就制作各种巧妙的机动玩具给弟弟妹妹们玩。

伽利略不到18岁就进比萨大学当了医科学生。他在比萨大学学习了4年。这对于他来说是艰难的4年，因为他一方面要竭力强制自己去实现父亲的愿望，一方面又对学校那一套陈腐的教学内容感到不满。

医科学校规定要学习亚里士多德的哲学。在学习中，伽利略感到十分困惑，亚里士多德怎么可以不作任何证明，就对某一现象作出肯定的论断呢？而这些论断又盲目地重复了1700多年。伽利略希望有一天自己能驳倒他。

一次偶然的机会，伽利略听到了宫廷数学家罗西的讲课，他一下子被吸引住了。从此，伽利略对数学产生了浓厚的兴趣，并和罗西成了好朋友，他把罗西给他的每一本书，几乎都仔细地通读了一遍。

父亲很快知道了伽利略忽视医科、沉迷于数学与各种没用的实验中，他声明不再供儿子上大学了，让儿子必须回到店铺里帮忙。伽利略非常难过，可自己又没有经济基础，无奈之下，他只得于1585年离开比萨回到了家，开始当一名店员。

但是伽利略并未因此而停止他的学习和实验。两年之后，通过罗西的帮忙和一位侯爵的推荐，他又满怀喜悦地回到了比萨大学，在那里担任数学等学科的教授。虽然薪金很低，但总算有了自己的收入，他可以不用再向父亲要钱了。

当时学校的教科书里宣扬的是亚里士多德的观点：物体从高处落下来时，它的速度由重量决定。物体越重，落下来的速度就越快。但伽利略却没有盲目地追随他的观点，他在比萨斜塔上作了一个著名的落体实验：两个不同重量的球从塔上落下，结果同时落地！这就证明了亚里士多德的结论是错误的。

尽管实验无可指责，但在人们看来，这个年轻人太狂妄了，竟想动摇多少年来的科学基础！这个学期的任期结束后，学校没有再继续聘请伽利略。1591 年，伽利略离开比萨来到了佛罗伦萨。

曾经帮助过伽利略的那位侯爵盖特保图，再次为伽利略争取到了去威尼斯附近的帕图亚大学担任数学、科学和天文学教授的机会。

伽利略的课讲得非常精彩，他的事业一帆风顺地发展着。在一次去威尼斯的旅行中，伽利略遇见了美丽而单纯的姑娘玛利娜，他们一见钟情，很快坠入情网。不久，他们结婚了。就在这期间，伽利略发明了制图用的比例仪和空气温度计。

有一次，病中的伽利略偶然接触到哥白尼的"日心说"，后来又读到了德国天文学家开普勒的著作。书中所说的"地球和行星按一定的轨道绕着太阳转动"这一革命性学说，使得伽利略十分激动，他希望有一天自己能来证明它。

要观察天体，必须有工具。1609 年，伽利略制作了一种"镜管"，用它看东西要比正常情况下近得多。后来人们把它称之为望远镜。曾经有很长一段时间，伽利略把全部的精力都投入到望远镜的革新中，同时，把目光投向了深邃的天空。他观察猎户星座，观察昴宿星团六星……还把他新发现的星座和所揭示的景象，画成图表并加以注明。

接下来，伽利略又开始了对月亮的观察。月亮并不光滑，在那上面有比地球上更高的山脉；月亮自身并不发光，它的光来自于太阳。当伽利略通过观察和计算确认了这一切时，他真是太激动了。

很快，伽利略又成功地制造了一架 1000 倍的望远镜。1610 年 1 月 7 日，伽利略用它看到了木星旁边的三颗小星，经过多天观察，伽利略又看到了第四颗，并进一步确认了它们都是木星的卫星。

伽利略把他的观察过程以及结果写进了《星的使节》一书里，这本于1610 年在威尼斯出版的书很快就被抢购一空。伟大的德国天文学家开普勒也写信来赞扬这本书，并要求允许他在法兰克福印刷一版。《星的使节》成为当时最畅销的书。

1610 年底，伽利略接到罗马学院首席数学家克来维斯神父的信，邀请伽利略造访罗马。伽利略当时也迫切地希望能把自己的发现赶快传播出去。

伽利略的到来使罗马大为轰动，他受到了贵宾一样的接待。贵族们纷纷邀请他到家里去做客，教会的高级官员们也竭力拉拢他，罗马教皇保罗五世还亲自接见了他。

但罗马学院的首脑红衣主教在听了伽利略的学说后，劝伽利略要谨慎行事，慢慢地去传播哥白尼的学说。

罗马有一个专门研究数学和天文学的组织，叫做林凯学会。林凯学会邀请伽利略参加他们的集会，吸收他为会员，并保证用他们的财富和影响来支持伽利略的工作。

伽利略回到佛罗伦萨后三个月，有两个红衣主教路过这个城市，他们和伽利略进行了一次长谈。其中一位主教叫巴伯里尼，他被伽利略的才智所折服，而另一位康扎加却竭力反对伽利略。这时的伽利略才预感到，亚里士多德的信徒们总有一天会伤害他的。

就在伽利略忙着准备有关浮体的著作，并同时开始研究太阳黑子的时候，那些嫉妒伽利略的人，开始发动了对他的攻击。有传闻说，罗马宗教法庭正在审查他的教学内容，主教们也逐渐改变了对他的看法。于是，伽利略决定亲自到罗马去迎战他的敌人。

1615 年 12 月，伽利略再一次到达罗马。城里的气氛完全变了。几年前欢迎他的教士们，现在对他是那么冷淡。当年发请帖给他的贵族们，现在也都不来了。只有林凯学会的塞西伯爵还照样欢迎他的到来。他劝告伽利略在这个时候最好避免谈及哥白尼学说。

第二年 2 月，罗马教皇的高级顾问机构——红衣主教团给伽利略下了一道命令：无论在讲课或写作中，不许他再把哥白尼学说说成是绝对事实。万般无奈下，伽利略只得接受了这个命令。

52 岁的伽利略正处于精力旺盛时期，作为一个天文学家，却被迫"退休"了。他搬到了城郊的锡尼别墅去住。那里的房间比较大，适合开辟一间小天文台。他没有停止研究，期待着有一天情况能发生变化——撤销禁令。

伽利略用观察木星、卫星的方法，来研究船只在海洋上的位置。他打算要把这个理论发明卖给西班牙政府，因为西班牙有许多船只要越过海洋驶到美洲去。西班牙政府答应考虑他的提议，但是一直没有给他满意的答复。

1622年，林凯学会出版了伽利略的《检验人》，这是对那些攻击他的人进行的最强有力的答复。也就在这个时候，从前赞赏他的红衣主教巴伯里尼当上了罗马教皇。罗马教皇知道伽利略在沉默了8年之后，他的书又畅销了，很为他高兴，并表示欢迎伽利略再次访问罗马。

两年后伽利略到了罗马，教皇前后6次接见了他，这的确是一种特殊的恩典。虽然教皇依旧劝伽利略不要作出地球是绕着太阳转的结论，但也不反对把哥白尼的学说当做一种智力练习来看待。这已使伽利略感到很满意了，他的头脑里立刻有一本书形成了。

伽利略开始慢慢地写他的著作——《关于两种世界体系的对话》。读了此书，读者可以自己得出结论：地球就是转动的。1632年，《关于两种世界体系的对话》出版了。书一印出来，马上就被抢购一空。全欧洲的有识之士都来向他祝贺，并要求订购。

8月间，突然从罗马来了一道命令，要求立即停止销售《关于两种世界体系的对话》。伽利略的敌人仔细地制定了他们的计划，要对这个自称"追求真理"的危险者，进行强制性的镇压。伽利略在教会里的朋友也对此感到十分惊慌，不敢承认哥白尼的学说，怕引起不良后果。

随即，罗马宗教法庭便传唤了伽利略。这一精神打击摧垮了这位69岁的老人，他严重的关节炎发作了，审讯期限因此延期。1633年2月，这个疲惫多病的老人终于到了罗马。

6月22日，伽利略被带到教堂去听取对他的判决：第一，《关于两种世界体系的对话》是禁书；第二，在这3年里，他必须每星期把7篇忏悔诗背诵1篇；第三，他将被无限期地监禁在他自己的家里，直到主教团满意为止。

伽利略回到了家里，但是他没有停止对真理的宣传。他又写了一本书：《两种新科学的对话》。1637年，伽利略秘密地把手稿送到国外。1638年，这本书在荷兰的莱顿出版了。

1641年冬天，伽利略患上了热病。1642年1月8日，他停止了呼吸。为"发现真理和宣扬真理"，伽利略进行了毕生的奋斗。他的精神是永垂不朽的，人们将永远热爱他，永远歌颂他。

追寻哈维的脚步

哈维生于 1578 年，是英国著名的医学家，因发现血液循环原理而闻名。

公元 1578 年 4 月 1 日，哈维出生在英国福克斯顿一个普通的农民家庭。哈维从小热爱学习，小学时的各科成绩都很好。16 岁时，他考取了英国著名的剑桥大学的冈维尔·凯厄斯学院，还获得了马太·帕克奖学金。19 岁时，他获得了文学学士学位。

当时，剑桥大学的学习生活十分紧张。每天上课和自学的时间长达 14 小时以上。由于没有足够的睡眠和缺少娱乐，入学的第三年，哈维就病倒了。他只好回家治病，并因此休学两年多。

回家治疗了很久，可病情仍不见好转。于是，妈妈为他请来一位民间医生。当时，英国和其他欧洲国家的民间医生的拿手医术是放血，他们认为放血能治百病。放了几次血，哈维忍受了极大的痛苦。然而，放血的体验却启发哈维思考了一个当时还没有真正解决的问题：血管割破以后，血为什么会不停地流出来？血液在人的身体里究竟是怎样流动的呢？

这一段生病的经历使哈维立志要成为一名医术高明的医生，救死扶伤，为人类造福。1600 年 1 月，哈维离开英国，途经德国和法国，来到以解剖学闻名的意大利帕多瓦大学医学院插班，开始了新的学习生活。

哈维的老师法布里奇是当时著名的解剖学家。这位教授的讲课方式和其他教师不同，他总是边讲边让学生看动物标本和图解，有时还进行活动物的现场解剖。哈维特别喜欢听他的课，他全神贯注地看解剖、记笔记，很快就成了班级的优等生。

1602 年，哈维获得了医学博士学位。在论文答辩时，面对许多知名的教授，哈维胸有成竹，对答如流。他的博士学位证书上写着："威廉·哈维以突出的学习成绩和不平凡的才能引人注目，并获得讲授解剖学、医学和外科学的著名教授们的高度赞扬。"

毕业后，哈维回到英国。他的母校——剑桥大学也授予了他医学博士学位。不久，他进入著名的圣巴塞洛缪医院，开始了他的行医生涯。

哈维在给人治病的同时，不断地思考"血液在人体内究竟是怎样流动的"这一问题。他查阅了大量资料，反复进行研究，还是得不到满意的结果。这期间，哈维对古罗马著名医士盖仑的理论，认为血液是以肝脏为中心流动的这一被世人认可的论点产生了怀疑。

盖仑认为，血液在肝脏里形成后，一部分流到各个器官，另一部分流到右心室，通过布满筛孔的心脏中膈，慢慢渗透到左心室……就像潮水涨落一样进行起伏运动，然后逐渐被身体吸收。他从神学的观点出发，认为人体的一切构造机能都是上帝安排创造的。

一千多年来，盖仑的这种论点被奉为是神圣而不可侵犯的。到了16世纪中叶，比利时的维萨里在解剖动物心脏时发现，心脏的中膈很厚实，血液根本不能渗透过去。由此可以证明盖仑的论点是根本站不住脚的。

与此同时，维萨里的老同学——西班牙的塞尔维特的研究证明，右心室的血液是流经肺部，通过曲折的道路到达左心室的，这又进一步推翻了盖仑所谓的心脏中膈有筛孔的论点。他的这一发现，就是血液的肺循环，也称作小循环。

为了了解心脏的构造和血液的运动，哈维长期坚持用青蛙、鱼、蛇、鸡、鸭、鸽、兔、羊、狗、猴子等80多种动物，进行了大量的解剖实验。他甚至在家里专门设立了一间解剖实验室，除了去医院给人看病，其余的时间他都在家里读书和作解剖实验。

经过多次实验，他终于弄清了心脏的基本构造。接着他想进一步了解心跳是否有规律，有的话是什么规律，血液在心房和心室里怎样流动等一系列问题，可心脏跳动太快，不易观察。于是哈维就用垂死的动物和冷血动物的心脏来作实验。通过实验，哈维发现：心脏收缩时，立即变硬、变小，颜色也变浅；心脏静止时，又开始变软，颜色变深。他还把一个心室的尖端剪掉，露出一个洞口，从中可以看到心房每收缩一次，就会涌出一股血来。并且他还发现，把一根动脉割破后，每涌出一股血，心脏也正好收缩一次。

这个现象使哈维陷入深深的思考中：血液被不断地推出心脏以后，流到哪里去了呢？哈维决定用蛇来作实验，因为蛇死了以后，它的心脏还能跳动一段时间。实验的结果出来了，哈维并没有轻易下结论，又接着改用几种不同的动物重复这个实验，都得到了同样的结果。

哈维又请来一个很瘦的人，因为瘦人臂上的大静脉管比较明显。哈维用绷带扎紧这个人的上臂，过了一会儿，绷带以下肘窝和手腕处的动脉都不跳动了，而绷带以上的动脉却跳得很厉害；绷带以上的静脉很快瘪了下去，而绷带以下的静脉却鼓胀起来。

于是哈维得出结论：心脏里的血液被推出来以后流进了静脉，而静脉里的血液又流回了心脏，动脉和静脉里的血总是朝着一个方向流动的。那么是什么原因使血流的方向不会改变呢？哈维想起了法布里奇教授讲的静脉瓣，可当时教授并没有说明它的功能。

哈维解剖了许多动物的静脉管，发现静脉瓣是半月形的，而且是向着心脏的方向生长。这种构造势必造成静脉里的血只能是向着心脏方向流动，而不会出现倒流。可是动脉和静脉之间是怎样联系的呢？他把几种动物的动脉割破以后，血一股接一股地流出来，等血流完，动物也就死了。于是，他得出结论：这就是因为动脉里的血不能再流到静脉里去，从而导致静脉里也没有血再流回心脏。当动脉里的血流完了，心脏也就不再跳动，动物自然也就死了。

哈维为了证实自己的观点，连续作了十几年的动物活体解剖实验。这段时间里，他废寝忘食，有时甚至连续工作 36 个小时。

有一天，哈维梦见一位神学家责问他："盖仑说动脉和静脉是互不相通的，你却说是通过无数'桥梁'相通的，这不是太可笑了吗？"哈维惊醒后，若有所思，他立即翻身下床，又跑到实验室作起动物实验来。他用解剖刀在动物肌肉上轻轻地割开一个小口子，马上就有血慢慢地流出来。然后他又在自己大腿上看不到动脉和静脉的地方也割开一个小口子，果然也有血流出来。他高兴地跳了起来，因为这证明了他的设想：在动脉和静脉之间，应该有无数小的通道，在起着"桥梁"作用。然而当时的低倍显微镜还不能观察到这种极其细微的结构。正是这种肉眼看不见的"肌肉细孔"在输送血液，沟通着动脉和静脉。

接着，哈维又作了许多动物心脏和肺脏的实验，证明了塞尔维特的肺循环理论，解决了"左右心室如何沟通"这一疑难问题。在此基础上，他还绘出了一幅完整的血液循环图，肯定了心脏是血液运动的中心，明确了心脏搏动是血液循环的推动力。

1628 年，在伦敦医学院担任解剖学讲师的哈维，一边教学，一边对自己十多年来的探索进行总结，从内容到文字反复进行推敲，终于写成了《动物心脏和血液运动的解剖研究》一书。这部著作从根本上推翻了被人们奉为经典的盖仑的理论。

哈维的著作无可避免地遭到了教会和保守势力的攻击。他们诅咒他的学说是"荒谬的"、"无用的"、"有害的"，甚至诬蔑哈维是"疯子"、"独出心裁的危险理论的提出者"等等。在这种情况下，许多人不敢再来找哈维看病，甚至他的一些朋友也对他的学说产生了怀疑。

对此，哈维采用了一种绝妙的回击方式：让那些人到他的实验室看他作实验，或者让他们自己作实验。有一次，一些激烈的反对者和附和他们看法的人来到哈维的实验室，其中有神学家、医生、哲学家、生物学家、生理学家等。哈维为他们当场进行了实验。首先，他在来宾中选了一位青年人，然后在他身上作了静脉管结扎实验，以此来证明血液是由静脉运送回心脏的；接着，他又用狗作了动脉结扎实验，证明动脉里的血液是从心脏流过来的；然后，他又在一只兔子身上演示了血液循环的整个过程。

从此，支持血液循环学说的人越来越多。这一学说在哈维死后不久，终于得到了科学界的公认。

哈维进入晚年后，仍坚持进行科学研究。1651 年，哈维的另一部名著《论动物的生殖》出版了。他提出的"渐成论"和后来达尔文提出的"生物进化论"的观点是一致的。

哈维的一生非常节俭，从不乱花钱。但是，他却用自己的积蓄建造了两座楼房：一座是图书馆，一座是会议厅，并把它们全都赠给了伦敦医学院。临终前，他向伦敦医学院捐献了全部遗产，并要求每年从中拿出一定的数额，用于奖励本年度对医学有贡献的人。

1657 年 6 月 3 日，这位因发现了血液循环而闻名于世的伟大科学家的心脏停止了跳动，终年 80 岁。伦敦医学院为了纪念哈维在医学上的巨大贡献，给他塑了一尊铜像，供后人瞻仰。

追寻笛卡尔的脚步

笛卡尔生于 1596 年，法国人，是西方近代著名的数学家、解析几何的创立者。

笛卡尔幼年丧母，父亲请了一位温柔而善良的保姆对他精心照料，使他又得到母爱般的关怀。他父亲再婚后，这位保姆就承担起母亲的责任，经常给他讲许多优美动听的故事。年幼的笛卡尔聪明机灵，喜欢寻根问底，对什么都感到十分好奇。

笛卡尔 8 岁时进入拉弗莱希公学。这所欧洲最有名的教会学校，吸引了大量的贵族子弟。他的亲戚夏尔勒神父成为他的家庭教师，他十分喜欢笛卡尔。笛卡尔在学校里学习科学的热情很高，但他对学校课程并不满意，在课外他读了许多哲学、数学、文学、历史等珍贵书籍，这些课外书籍使他受益匪浅。

1612 年笛卡尔进入波士顿大学攻读法律，四年后获得博士学位。他坚信社会实践是人生的大课堂，于是他于 1618 年来到荷兰的布雷达，开始了他的戎马生涯。

有一天，他在布雷达看到了许多人盯着墙上一道荷兰文数学难题，笛卡尔请身边一个人把它译成拉丁文。两天之后笛卡尔给出了正确答案，这使得人们大吃一惊，这时的笛卡尔已表现出相当高的数学天分。

不久，笛卡尔又去丹麦、奥地利、瑞士、意大利、德国等地旅行。这次旅行的经历，开阔了他的视野，丰富了他的知识，为他以后从事科学研究奠定了良好的基础。

1619 年冬，他所在的部队驻扎在多瑙河畔的偌伊堡，由于没有战事，笛卡尔整天沉思默想，考虑哲学和数学问题，他要用"心智的全部力量来选择我们应当遵循的道路"。

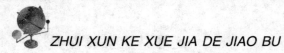

笛卡尔经常不分白天黑夜地研究数学，数学问题总是浮现在他的脑海里："直观、形象是几何图形的特征，而代数方程虽十分抽象，但便于运算，要是能将两者结合起来，用几何图形表示方程，或者用代数的方法解决几何学问题，那该多好啊！"经过反复思考，他找到了解决问题的关键，即只要把组成几何图形的"点"与满足方程的每一组"数"挂上钩，这样问题不就解决了吗？

一天，他躺在床上，仰望着天花板出神，只见蜘蛛正忙着在墙角上结网，它一会儿在雪白的天花板上爬来爬去，一会儿又顺着蛛丝爬上爬下。笛卡尔从蜘蛛结网中受到启发，他想："这只悬在半空的蜘蛛不就是一个移动的点吗？能不能用两面墙的交线及墙与天花板的交线来确定它的空间位置呢？"他在纸上画出了三条相互垂直的直线来表示两墙的交线和墙与天花板的交线，并在空间点出一个 P 点代表蜘蛛，他用 X 和 Y 来表示 P 到两墙的距离，用 Z 来表示到天花板的距离，这样，只要 X、Y、Z 有了准确的数值，就能准确地确定 P 点的位置。他认为，两面墙与天花板交出了 3 条线，都汇合于墙角，如果将墙角当做计算起点，把这 3 条相互垂直的线作为 3 根标上数字的数轴，这样就构成了一个坐标系，空间的任何一个点都可以用 3 根数轴上，3 个有顺序的数来表示，而一组有顺序的 3 个数，也可用空间的一个点表示出来。这样，数与形的联系就建立起来了。笛卡尔在此理论基础上进行深入研究，创立了一门新的数学分支——解析几何学。

在解析几何学中，应用笛卡尔直角坐标系，几何图形可以转化为代数方程来研究，亦可将代数方程画成几何图形来研究。

笛卡尔深知自己的思想与法国宗教教会大相径庭，在法国他的学说会被视为异端。为了能将自己的研究继续开展下去，1928 年秋，他决定到荷兰定居。在荷兰，他住在村庄或城市的偏僻处，离大学和图书馆不远。笛卡尔不仅研究数学、哲学而且还从事光学、化学、生理学、气象学及天文学的研究，并和欧洲主要学者保持密切的学术联系。

笛卡尔在 1628 年写出了《指导哲理之原则》，1629—1634 年完成了以哥白尼学说为基础的《论宇宙》的主要部分，他还整理出三篇论文——数学史上划时代的著作《几何》、《屈光学》、《气象学》，他又写了一篇序言，即哲学史上著名的《科学中正确运用理性和追求真理的方法论》（简称《方法论》），1637 年 6 月 8 日在莱顿匿名发表，引起轰动。

笛卡尔在其著作《方法论》中总结了卓越的自然科学家的研究方法，加以哲学的概括和论证，提出了以数学方法为核心的演绎法。

1641 年，笛卡尔出版了《哲学原理》，该书以教科书的形式写成，他希望把自己的哲学思想带进课堂。但是，加尔文教派敦促乌特烈赫特法院禁止笛卡尔传播新思想。但是，他的哲学思想终究还是得到了社会的认可。

1649 年底，笛卡尔开始应邀为瑞典女王讲授哲学，1650 年，笛卡尔因患肺炎而英年早逝，年仅 54 岁。

追寻牛顿的脚步

牛顿（1642—1727），英国物理学家、数学家。他的万有引力定律、力学三定律，以及他对光学、数学、化学的研究，为近代科学发展奠定了坚实的基础。

幼年的牛顿并不聪明，在学校里，他学习成绩很差，因此常受到歧视和欺侮。但是牛顿的手很巧，会做各式各样的玩具。他把外婆给他的零花钱都积攒起来，买了锯子、钉锤、凿子等工具。

一天，牛顿在放学的路上看见村东头的磨坊里正在安装水车。他蹲在旁边看得入了迷，甚至连回家吃饭都忘了。从此，他每天放学后都要跑去看上一阵子。水车装好了，牛顿帮外婆背着一口袋麦子去磨面，只见水车带动石磨不停地旋转，雪白的面粉便从石磨周围撒下来。

牛顿在水车跟前仔细地观察了一番。在回家的路上，他对外婆说："外婆，回去我也要做一架水车。"

这以后，牛顿每天放学回家，扔下书包，就钻进自己的小屋里，"丁丁当当"地敲打起来。过了些日子，一架小小的水车果然做成了。外婆看了很高兴，逗他说："你的水车能磨面吗？"牛顿天真地笑了，外婆也笑了。

第二天上学，牛顿把他那架小小的水车带到学校去，摆弄给同学们看。放学后，又拿到小河边去试，水车的轮子转得很灵，牛顿非常得意，同学们也夸他做得好。正在这时候，同班的卡特大声说："牛顿，水车为什么会转，你能讲出道理来吗？"卡特是个学习成绩好，且又十分骄傲的孩子。

"道理？"牛顿从来都没想过，再加上平时学习差，水车转动的道理，他一时还真说不清楚。卡特看牛顿支支吾吾答不上来，嘲笑道："光会做，讲不出个道理来，顶多是个笨木匠。"说罢，一脚把水车踢出好远。一向懦弱不爱说话的牛顿，看着自己费尽心思做成的水车被踢坏了，再也忍不住心中的愤怒。他握紧小拳头，用尽全部力气朝卡特打去，一下子就把卡特打倒在地。

这是牛顿生平第一次打架，虽然有点儿野蛮，但却从此改变了同学们对他的态度，以后再也没有人敢欺负他了。这件事也给了他一定的激励，他暗暗下了决心："只要自己努力学习，决不会落在别人后面。对，我要给他们学出个样儿看看。"

从此，牛顿发奋学习，一跃成为班里数一数二的优等生。

其实，少年时代的牛顿，跟普通的孩子没什么区别，一点也显示不出天才的样子。如果说他和别的同学有什么不同，那就是他热衷于研究一切事物，一旦他对某一事物产生疑问和兴趣，便会寻根问源，穷追不舍，直到把事物的前因后果搞得一清二楚才肯罢手。这种性格，在他后来的科学研究活动中充分地体现出来，这也是他取得巨大成就的原因之一。

1666 年初秋，24 岁的牛顿已经是剑桥大学的研究生了，因为鼠疫正在全国流行，学校被迫放假，他回到了故乡。那几天，牛顿整天趴在二楼那间安静的小屋里翻阅着一本有关天体运行的著作，满脑子都是关于天体运行的问题。所有发表过的有关天体运行的论文，他都仔细读过了，竟没有一篇能使他满意。

波兰天文学家哥白尼在 100 多年前曾说过："引力是按照神的意志给予物质各部分的自然属性。因此，物质的各部分都具有聚合成球状的倾向。这种倾向，无论是太阳、月球、地球，同样具备着……"

德国天文学家开普勒也说过："月球被地球牵引着；相反，月球也吸引着地球上的海水。在太阳那里，有一只肉眼看不见的巨手，它伸向行星，拉着这些行星跟太阳一起旋转……"

可是，这些说法，都没有经过证明，因此还不能肯定它们就是科学的论断。

"假如太阳对于行星，地球对于月球，各自给予引力的话，那么，究竟应该怎样来研究这种力呢？"

困扰牛顿的，正是这个问题。

由于在屋里待得太久了，他感觉有些憋闷，于是他走下楼，来到后院一片果实累累的苹果园里。

秋高气爽，金色的阳光透过繁茂的枝叶，斑斑驳驳地洒在树下。成熟了的苹果，被阳光镀上一层金黄色，好看极了。然而眼前的田园美景，并不能使盘旋在牛顿脑海里的科学问题让位。他坐在树下的石凳上，依旧沉浸在苦苦地思索之中。

太阳快要落山了。牛顿仰视天空，那双似乎能看穿九霄云层的眼睛，好像看到了什么，又好像什么也没看到。一会儿，他又收回目光，无意识地看了看被夕阳映得通红的苹果。这时，恰巧一个苹果悄然离开树枝，落到了地上。

"苹果掉下来了。"牛顿自语着。立刻一连串的问号在牛顿的大脑里盘旋起来。

苹果为什么会掉下来呢？

这么广阔无垠的空间，苹果为什么不飞向天空，却偏要落到地面上呢？

一切事物都有重量，都能从高处落到地面，可这重量是哪里来的呢？

牛顿思索着，久久地凝视着滚落到脚前的苹果。这个苹果像月球那样在牛顿的脑海里旋转起来，一圈、二圈、五圈、十圈……越转越快，他感到眼花缭乱……一会儿，牛顿的头脑忽然开窍了，他的眼里闪出了兴奋的光芒。

"苹果落在地上，是因为地球的吸引力，这种吸引力也同样可以到达月球。月球之所以能以一定距离围绕地球转动，是因为月球总是向地球方向下落的缘故。就像苹果落下来一样，月球同样也是向着地球下落。"

推想开来，各行星之所以围绕着太阳运转，也是由于受到太阳引力作用的缘故。宇宙中一切物体间，都存在着一种相互吸引的力。

"万有引力"的思想就这样诞生了。

穷追不舍，寻根求源，是牛顿的性格。他没有让思想暂停一步，"地球吸引着月亮，太阳吸引着各行星，可为什么它们不像苹果落向地面那样，落向地球，落向太阳呢？"

这时他想起儿时做过的一个游戏：把一小桶牛奶系在绳子上，抓紧绳子的另一头，用力抡起来，快速地旋转，牛奶能一滴不洒，但速度慢了就会洒一地。这不就是因为一种向里拉引的力和一种向外挣脱的力，相互对抗而又互相平衡的结果吗？这种挣脱的力，就是由物体横向运动的速度而产生的。

牛顿设想：有一个巨人站在地球的一座最高的山顶上，沿水平方向扔石头。如果石头的横向运动速度小，石头就会沿一个抛物线轨迹而落向地面；假如石头的速度很大很大，石头运行轨迹的弯曲程度就会和地球表面弯曲的程度相同，那么，石头就永远不会落到地面上。这块石头就能像月球那样，永远绕着地球旋转下去。

牛顿抓住"苹果落地"这个自然现象继续研究，他思索、计算，终于成功地发现了万有引力定律。

1667 年 3 月，牛顿回到剑桥大学，继续进行学习和研究。1668 年，他当了剑桥大学的特级研究员。1669 年，他被选为英国皇家学会的会员。同年，牛顿学生时期的指导教授巴罗又推选他继任"鲁卡斯数学讲座"教授。这时，他才 27 岁。

牛顿不修边幅，不讲吃穿，很少为生活方面的事情分心。尤其是当他专心致志地扑在某项研究课题上的时候，他甚至会忘记睡觉，忘记吃饭。有时清晨起床，刚套上一只袖子，忽然想起一个问题，他就会那样吊着另一只袖子痴呆呆地坐在床边上沉思一整天。

1685 年，他开始著述《自然哲学的数学原理》一书。有一次，牛顿请他的朋友司徒克博士吃午饭。朋友到了以后，给牛顿做饭的老太太也已经把饭菜摆上桌子了。这时，牛顿忽然想起了什么，他离开了摆满香喷喷饭菜的餐桌，慌忙走向实验室，只留下一句话："老朋友，请等一等。"

"啊，先生的老毛病又犯了。"老太太絮叨着。

"也许，牛顿先生是去拿好酒了吧！"司徒克博士说。

等了很长时间，还不见牛顿出来。司徒克博士说："这么久了，牛顿先生怎么还不回来？"司徒克饿得实在撑不住了。

"恐怕先生早把吃饭的事忘得一干二净啦。你别等他了，自己吃吧。"老太太说道。

无奈，司徒克博士只好自己先吃。老太太趁这工夫出去办事了。司徒克吃完后，只好自己动手把吃剩的鸡骨头放到餐盘里，然后靠在沙发上打起盹来。

又过了不知多久，牛顿才兴冲冲地从实验室里走出来。他叫醒了朋友，一面连声道歉，一面准备吃饭。当他看到餐盘里的鸡骨头和用过的餐具时，便拍着脑门笑着说："哦！原来已经吃过了，我还以为我们还没有吃饭呢！"

司徒克博士在一旁看了，不禁捧腹大笑。

牛顿为了科学研究，经常是废寝忘食地工作，1687 年 7 月牛顿完成了《自然哲学的数学原理》这部传世巨著，为以后自然科学的发展奠定了基石。

科学家在科学的道路上也并不是一帆风顺的。1692 年的一个晚上，年近半百的牛顿在书房里，把写完的光学手稿装订起来。望着这一点一滴心血凝聚而成的著述，他的脸上露出了笑意。

可就在他出去散步时，家里养的小猫碰翻了桌上的蜡烛，这部凝聚了他20多年心血的成果被付之一炬。

牛顿像掉进一个见不到底的深渊里，他痛苦得近乎绝望。亲爱的妈妈刚刚去世，比自己生命还宝贵的研究成果又被烧毁了。然而，在低潮的心情过后，牛顿又振作起来。他决心重整旗鼓，向光学发起第二次"进攻"。

为了恢复身心健康，牛顿到离剑桥大学不远的一个幽静的旅馆去休养，并打算在那里重新开始自己的研究工作。

一个晴朗的早晨，太阳刚刚升起，牛顿在客人稀少的院子里，用麦秆吹起肥皂泡。他吹了一个又一个，一串又一串。他仔细地观察这些肥皂泡：肥皂泡在空中飘浮着，闪现出五颜六色的光彩。店主疑惑地盯着这个老头。店主哪里知道，这个古怪老头正在研究着光线在薄膜上的反射现象呢。

1704年，牛顿终于出版了重新整理起来的巨著：《光学》。科学在常人眼里，是艰苦的象征；而在牛顿眼里，则是一朵美丽的鲜花，花香扑鼻，引诱着他去看，去摘取。

人生的道路是曲曲折折、迂回坎坷的。当牛顿年过半百的时候，他竟产生了放弃科学研究的念头，而走上了仕途。这是因为，先是在微积分的发明权上，他与德国的莱布尼茨发生了争论；紧接着，在万有引力定律的发现权上，又和皇家学会创始人之一的虎克，发生了激烈的争论。这样的争论，使得牛顿感到懊丧和从未有过的疲倦，他想从这种境况中解脱出来。因此，他弃"科"从"政"，先当了国会议员，后又做了铸币大臣。

但晚年的牛顿终于又回到科学的轨道上来。1727年3月初，他还拖着衰弱的病体去参加了皇家学会的例会。

1727年3月30日，在肯吉敦家里的病榻上，牛顿永远离开了我们。他留给世界的最后一段话是：

"我不知道世人怎样看我。但我自以为我不过像一个在海边玩耍的孩子，不时为发现比寻常更为美丽的一块卵石或一片贝壳而沾沾自喜，而对于展现在我们面前的浩瀚的真理海洋，却全然没有发现……如果说我所见的比笛卡尔多一点，那正是因为我是站在巨人肩膀上的缘故。"

追寻富兰克林的脚步

本杰明·富兰克林（1706—1790），是美国物理学家、社会活动家，他发明的避雷针极大地促进了人民生产和生活的发展。

公元 1706 年 1 月 17 日，本杰明·富兰克林出生于波士顿一个贫苦的手工业者家庭。由于家境困难，少年时代的富兰克林没受过几年教育，但是他凭着自己顽强的毅力一直自学着各种知识。

后来，富兰克林听从父亲的劝告，放弃了当海员的梦想，来到他哥哥办的印刷所里当了一名徒工。这对于他来说，简直是天赐良机。因为在这里，他可以有更多的机会来接触各种书籍，从此他成了印刷所里每本新书的第一个读者。

富兰克林从小就表现出发明创造的天赋。他非常喜欢游泳，为了游得更快，他竟设计了一个游泳加速器：他把一个大风筝放到空中，然后把风筝绳末端缚上一块木板。他躺在木板上进入了水里。效果非常不错，他的速度要比同伴们快得多。

在富兰克林 15 岁那年，他哥哥在波士顿办了一份报纸，名叫《新英格兰时报》。少年时代的富兰克林对给报纸写文章十分感兴趣，但他知道，如果把稿件直接交给哥哥詹姆士的话，一定会碰钉子。怎么办呢？最后，他终于想出了一个好办法。

他花了几个晚上，精心地写了一篇文章，末了署上一个名字：莎伦丝·多古德夫人。然后趁人不注意，把稿件从印刷房大门下塞进去。第二天早晨，詹姆士看了这篇文章，觉得文字和内容都不错，便在报上登载了。

接连几个星期，詹姆士收到一篇又一篇署名为莎伦丝·多古德夫人的文章，而且文章的质量都很高。报纸一期期出版，可作者一直没有找到。直到有一天富兰克林自己不小心说漏了嘴，这个谜底才总算被揭开。起初哥哥并不相信，富兰克林越解释，他越认为弟弟是在撒谎。因为他认为弟弟根本不具备那个能力。直到富兰克林拿出草稿，他才接受了这个事实。但从此哥俩的感情却不知为何出现了裂痕。

由于《新英格兰时报》经常发表讽刺当局的文章，殖民当局对此恨之入骨。有一天，他们找借口逮捕了詹姆士，富兰克林便义无反顾地挑起了报纸主编的重担。报纸继续按时出版，而且对当局的挖苦也更加厉害了。

詹姆士被关了一个月才放出来。当他看到弟弟把报纸办得有声有色，而且处处受到人们赞扬时，心里很不是滋味。从此，他对弟弟的一举一动更是看不顺眼，有事没事总找他的茬。富兰克林终于忍无可忍，决定离开哥哥，离开波士顿。

1723 年，富兰克林依依不舍地离开了家乡，开始了自力更生的生活。他先是到了纽约，但没找到工作。又转到费城，在一个叫凯默的老板开的印刷所里做了印刷工人。

当家里人得知了富兰克林的消息后，便托他的好友宾夕法尼亚州州长基恩爵士到印刷所去看望富兰克林。

基恩爵士很关心富兰克林，并劝他离开凯默，出去自己开一间印刷所，而且保证今后官方的印刷业务都包给他做。

在基恩爵士的鼓动下，富兰克林带着爵士写的几封信，只身一人远渡重洋，来到英国伦敦。

他在一家规模很大的印刷公司工作。由于富兰克林有熟练的印刷技术，更主要的是他言行一致，聪明能干，很快便赢得了老板瓦茨的赏识。

过了一段时间，和他同船来英国的德纳姆先生准备返回费城了，他动员富兰克林和他一同回去，到他开的商店去当伙计。富兰克林此时也开始思念家乡了，于是一拍即合。可惜回费城不久，德纳姆先生便病故了。富兰克林只得重操旧业，回到了凯默的印刷所。

正巧，殖民当局决定试发行纸币，由于富兰克林具有高超的印刷技术，这笔生意自然就落到了凯默的印刷所，由富兰克林主持纸币的制版印刷。富兰克林刻出了印纸币的精致铜版，这是全美洲的第一块铜版。

虽然这几年来富兰克林一直过着颠沛流离的生活，但是他读书的爱好却一直没有改变。回费城后不久，他就和一些喜爱读书的好友组织了一个勤读会。后来他们又把各自的图书集中到一起，方便大家互相借读，而且还制定了有关借读图书的规章和条例。全美洲的第一个图书馆成立了。

1729年，富兰克林靠朋友筹资办起了小印刷所。此时，当地各界又在讨论发行纸币的问题，富兰克林及时撰写了《略论纸币的性质与必要》一文，论证了发行纸币的益处。后来，州议会通过了发行纸币议案，富兰克林也由此获得了纸币印刷权。

在印刷业务不断扩大的情况下，1730年，富兰克林又主办了《宾夕法尼亚新闻报》。他的报纸不仅消息灵通，而且办得有声有色，由于经常为老百姓说话，因此深得当地人的喜爱。

1732年，富兰克林开始出版由他编著的《可怜的理查历书》，历书中记载了日历的演进，季节气候的变迁，还附有各种常识、格言、谚语等内容。这本书后来成了当地家庭必备之书，连续出版25年之久。

经过十几年的辛勤劳动，富兰克林有了相当可观的收入。稳定的生活，给他带来了充裕的时间，除了看书以外，他又重操旧业，搞起了创造发明。他首先发明了可在房子中间生火而烟囱接到室外的热效能较好的"富兰克林式火炉"，代替了弊病较多的旧式壁炉。

自从革新火炉成功问世后，富兰克林便把印刷所转让给别人，开始专心进行科学研究。不久，他从风车上得到启发，制成了世界上第一台由风车带动的旋转式自动烤肉机。随后，他又对电产生了浓厚的兴趣。

1752年6月，富兰克林作了一次轰动世界的实验。那是一个闷热的雷电交加的雨天，富兰克林和他的儿子冒着生命危险用风筝把空中的闪电引至地面，结果发现空中的电和地面因摩擦产生的电有相同的属性。

接着，他根据凡是高耸的目标都容易招引雷电的现象，经过反复地实验，终于发明了避雷针。使大量建筑物免遭毁坏。

富兰克林一生酷爱读书，他的知识十分丰富，兴趣也很广泛。他钻研过趣味数学，还研究过农田土壤改造。他对某些气象现象也作过分析，当时美洲自然哲学协会很重视他的气象报告。他还对航船进行过研究，建议船员们装运货物时，应使船尾重于船首，使船首翘起以减少船和水的接触摩擦面。同时，他又设计并改进了船帆，从而大大加快了船的航速。他的科学发明誉满欧美，他也因此被英国皇家学会接纳为会员，并获得科布雷奖金。

富兰克林对社会公共事业也十分关心，他不仅创建了第一个图书馆，还帮助建立了一个学院（后来扩展为宾夕法尼亚大学）。此外，他还为费城的市政建设做了许多有益的工作。

才华横溢的富兰克林对政治也表现出了极大的热情。他坚决反对殖民统治。1754 年 6 月，他以宾夕法尼亚代表的身份出席了殖民地代表会议，明确地提出建立自治联盟的要求。

1758 年以后，富兰克林作为宾夕法尼亚殖民地常驻宗主国的代表在伦敦待了 15 年。这段时间，他虽然身在伦敦，但却与祖国人民同呼吸共命运，积极地参加反殖民统治者的斗争。

1775 年 5 月，富兰克林以宾夕法尼亚代表的身份参加了第二届大陆会议，之后被委任为《独立宣言》起草委员会的五位委员之一。7 月 4 日，富兰克林庄严地在这个具有伟大历史意义的文件上签上了自己的名字。

1776 至 1783 年期间，富兰克林和迪安在法国进行了积极的外交活动，从而使美国获得了大量的经济援助和军事援助。1777 年 10 月，美军在萨拉托加战役中取得了决定性的胜利，扭转了整个战局，这使得富兰克林的外交活动更加富有成效并因此取得了巨大成功。所以，现在的美国人在谈到美国独立战争的问题时，总要谈到富兰克林，因为富兰克林的外交胜利是美国独立战争取得最后胜利的一个重要因素。

1785 年，79 岁的富兰克林在胜利地完成他一生中最后一项外交使命后返回了祖国。法国人民热烈地欢送他，美国人民非常隆重地欢迎他。当时的情形令富兰克林终生难忘，他在自己的回忆录中写道："我幸福地度过了自己的一生。"

富兰克林回国后，深受人民的爱戴，连续担任了三年宾夕法尼亚州州长。1787 年，他参加了制宪会议，尽管他不同意宪法中的某些保守内容，但还是在宪法上签了字，使宪法得以顺利通过。

1790 年 4 月 17 日，富兰克林逝世，享年 84 岁。美国人民沉痛悼念这位美国著名的思想家、政治家和发明家，深切怀念这位为美利坚民族独立事业作出贡献的人。

追寻瓦特的脚步

瓦特生于 1736 年，英国发明家。他发明了蒸汽机，使人类社会进入"蒸汽时代"。

瓦特于 1736 年 1 月 9 日出生在苏格兰格林诺克城的一个造船匠家庭，因从小体弱多病，父母很晚才送他去学校读书。在此之前母亲教给了瓦特语文和数学知识，鼓励他玩各种玩具和小机械，培养他观察思考问题和动手实践的能力。

瓦特小时候经常到姨妈家去玩。一次，壶里的水开了，蒸汽把壶盖冲得"啪啪"作响，从壶嘴里冒出白雾。瓦特对此产生了兴趣，他目不转睛地盯着振动不停的壶盖，在炉旁待了一个多钟头。姨妈看见了，还责备瓦特是个懒孩子。回家后，瓦特便开始寻找壶盖跳动的原因。

后来瓦特进入格林诺克的文法学校学习，由于身体不好，他一直表现得沉默寡言，经常被别人欺负，没有毕业就退学了。18 岁那年，瓦特到格拉斯哥城学习手艺，在钟表店做学徒，后来又去伦敦学习机械制造。1757 年，在朋友们的帮助下，瓦特到格拉斯哥大学当修造教学仪器的工人。他在那里与化学家约瑟夫·布莱克和以后成为物理学教授的约翰·鲁滨逊成为好友。他们三人经常聚在一起，讨论研究改进蒸汽机的问题，瓦特从中学到了不少科学理论知识。

1764 年，瓦特与表妹玛格丽特·米勒结婚。同年，瓦特受委托修理一台纽可门蒸汽机。机器很快就被修好了，但瓦特并不满足，决心进一步改进它。瓦特发现纽可门蒸汽机有许多缺陷，主要是燃料耗费太大，而且应用的范围有限，只能用于矿井抽水和灌溉。他决心造一台比它更好的蒸汽机。

于是，他与一个叫约翰·巴罗克的工厂主合伙，经过三年多反复试验，终于在 1768 年制造出真正能够运转的蒸汽机。1769 年，他获得了发明专利权。瓦特发明的新型蒸汽机，除了采用分离式冷凝器外，还采用了如机油润滑、填料函、气缸绝热套等一系列改进和发明。它的耗煤量仅为纽可门蒸汽

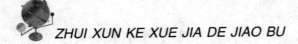

机的 1/4，工作效率却大大提高。

1781 年，瓦特提出五种将往复运动转变成旋转运动的方法，其中最有名的"行星齿轮结构"在后来的工业生产中得到了广泛应用；1782 年，瓦特获得了"双动作蒸汽机"的专利；1784 年，瓦特在他的新专利中又提出了"平行连杆结构"的概念，使蒸汽机具有了更广泛的实用性。

马克思说："瓦特的伟大天才表现在 1784 年 4 月他所取得的专利说明书中，他没有把自己的蒸汽机说成是一种用于特殊目的的发明，而把它说成是大工业普遍应用的发动机。"1788 年，他又发明了离心调速器和节气阀；1790 年，完成了气缸示功器的发明。至此，瓦特完成了对蒸汽机发明的全过程。

瓦特对蒸汽机的发明是第一次工业革命中划时代的重大事件。蒸汽机的广泛应用，使人类获得了空前强劲的、可被人类控制的动力资源，对社会经济的跨越性发展起到了关键性作用。1807 年，美国人富尔顿把瓦特的蒸汽机装在轮船上，宣告了航运帆船时代的终结。1814 年，英国人史蒂芬逊把瓦特的蒸汽机装在火车上，开始了陆路运输的新时代。

瓦特的成就得到了人们的高度评价。1785 年，瓦特被选为伦敦皇家学会会员；1806 年，他被授予格拉斯哥大学法学博士头衔；1814 年，他被推荐为法兰西国家学会会员。

1819 年 8 月 25 日，瓦特在家中安然去世，享年 83 岁。后人为了纪念他的伟大发明，把功率计算单位称为"瓦特"。他的名字将永远载入人类科学的史册。

追寻拉瓦锡的脚步

拉瓦锡（1743—1794），法国著名化学家，建立了以氧为中心的燃烧理论，为近代化学的发展奠定了基础。

公元 1743 年，拉瓦锡出生于法国巴黎的一个律师家庭，父亲希望他长大以后也能成为一个律师。中学毕业后的拉瓦锡遵从父亲的意见，考入索尔蓬纳学院学习法律，但在学校里，他却对自然科学产生了浓厚的兴趣。

1763 年，拉瓦锡大学毕业，到他父亲的事务所工作，可他并没有放弃对科学研究的爱好。1766 年，拉瓦锡参加了法国科学院举办的解决城市照明问题的竞赛。他的报告引起了科学院的重视，他也因此获得了一枚金质奖章。这件事成了拉瓦锡事业的转折点，1769 年，拉瓦锡当选为法国科学院院士。

早在 17 世纪，比利时化学家海尔蒙特就总结出一种观点：世界上一切物质的基本元素是水，其次是空气。为了证明这一论点，他曾用 200 磅烘干的土种了一棵柳树，平时只浇水不施肥，5 年后柳树长大了，但 200 磅土却丝毫没少，于是海尔蒙特便由此证明水可以变成木。接着，海尔蒙特又作了一个实验，他将水放在玻璃容器里不停地煮沸，结果发现水底有土一样的沉淀物，于是他又下结论说水可以变为土。这"柳树实验"和"水变土实验"，当时得到了不少化学家的认可。但拉瓦锡却不盲目地信服，他决定重复"水变土"的实验。

拉瓦锡设计了一个循环玻璃蒸馏瓶，蒸汽可在上部冷凝后变成水又流回底部。经过 101 天不断地加热，水里果然出现了白色的沉淀物。这就是水变成的土吗？拉瓦锡称了称瓶里的水，和起初一样重，但蒸馏瓶却变轻了，而且失去的重量恰好和那沉淀物的重量相等。

通过这个实验，拉瓦锡证明了出现在水中的像土一样的沉淀物其实不是水变成的，而是水溶解了当时制作还比较粗糙的玻璃中的部分物质而沉淀下来的。接着，他把实验的数据和结论写在了《论水的性质兼论"证明"水可能变为土的实验》一文中。论文用无可辩驳的数据和结论推翻了海尔蒙特"水变土"的错误理论。

正因为拉瓦锡注重当时的许多化学家都不重视的定量分析，才使他后来能在化学研究上不断地取得一个又一个重大突破。其中最显著的就是推翻了占统治地位100多年的燃素说。这一方法为近代化学的研究奠定了基础。

1673年，英国化学家波义耳作了一个实验：他将一块锡放在敞口瓶里煅烧后，再称这块锡，发现它的重量增加了。重量怎么会增加呢？波义耳解释说，火里有一种火粒子，穿过玻璃被金属吸取了，所以金属的重量便增加了。

1703年德国化学家施塔尔在波义耳实验的基础上提出了"燃素说"。他认为：一切可以燃烧的物体里面都有燃素。至于为什么锡一类的金属燃烧后重量反而增加，燃素说的学者就解释不清楚了。可尽管如此，"燃素说"还是拥有众多的拥护者。而拉瓦锡对这个学说却有很大的怀疑，他决心全面研究这个问题。

拉瓦锡首先重复了波义耳作过的实验。他将一块过了秤的锡放入可以密封的曲颈瓶里，然后又称了瓶和锡的总重量，接着便加热，直至锡被烧成了灰渣。这时再用天平秤，他发现锡和瓶的总重量并没有发生变化。这就证明，并没有"火粒子"透过玻璃被金属吸收。可当拉瓦锡将灼热的曲颈瓶封口打开以后，空气跑了进去，这时奇迹发生了，锡和瓶的总重量增加了，单独再称锡的煅灰，也确实增重了。由此可见，锡煅灰增加的重量不是来自火，而是来自空气。

拉瓦锡又用磷和硫作了同样的燃烧实验，都得出了同样的结果，从而再次证实了被烧的物质确实吸收了空气。后来，拉瓦锡又继续实验，他终于将这种被吸收的气体分解出来了。这种气体就是我们今天所说的氧气。

拉瓦锡对自己的燃烧学说十分慎重，在以后的几年里又作了大量的燃烧实验，并对燃烧产生和剩余的气体都进行了认真的研究。在对这些实验结果进行综合分析之后，1777年，拉瓦锡向科学院提出《燃烧概论》的报告，建

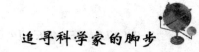

立了燃烧作用的氧化学说。报告中指出：物体只有在氧存在时才能燃烧，并放出光和热；物质在燃烧时吸收了氧，增加的重量正好是吸收氧的重量；一般可燃的非金属物质燃烧后，通常变为酸性氧化物，溶于水变为酸，一切酸中都含有氧；金属燃烧后变为金属氧化物。

拉瓦锡在 1783 年完成将水分解成氢和氧的实验。他以充分的事实，揭开了物质燃烧的秘密，从而彻底推翻了占据化学领域统治地位达百年之久的"燃素说"。

恩格斯对燃烧作用的氧化学说的建立，曾给予很高的评价，他在《自然辩证法》中指出："拉瓦锡在普利斯特列制出的氧中发现了幻想中的燃素的真实对立物，因而推翻了全部的'燃素说'。"

拉瓦锡在创立燃烧作用的氧化学说后不久，又与其他三位法国化学科学家一起拟定了化合物的第一个合理命名法，并在 1789 年写成了一本新体系的《化学基本教程》，这对后来化学科学的发展起了重要作用。

1794 年，51 岁的拉瓦锡不幸与世长辞。但他在化学事业的发展中，推翻了传统的不科学的燃素学说，创立了燃烧作用的氧化学说，这是他在化学科学事业上的一次革命。他所作出的伟大贡献，人们是永远不会忘记的。

追寻富尔顿的脚步

富尔顿生于 1765 年，是美国轮船发明家，他设计制造了第一艘以蒸汽机作为动力的轮船。

美国轮船发明家富尔顿，1765 年 11 月 14 日出生于宾夕法尼亚州兰开斯特县。在 17 岁时，富尔顿到费城独立谋生，虽然年纪轻轻，但他已能绘制机械图和设计车辆。

从 1793 年起，富尔顿在研究和总结前人经验的基础上，绘制了许多船舶、桨轮、锅炉和蒸汽机的草图。早期的轮船，或仅能空船行驶，或航速不及帆船，或因机器消耗燃料太多等原因都未能得到实际应用和推广。富尔顿想解决轮船的种种弊端，于是他对船身的长宽比和各项尺度、动力和桨轮大小等问题进行了一系列试验。

经过九年时间的研究、改进，轮船的效用大大得到提高。他设计制造的第一艘以蒸汽机作为动力的轮船，长 21.35 米，1803 年在法国的塞纳河试航成功，但当晚为暴风雨所毁。后来他得到了瓦特的帮助，于 1805 年 3 月研制出了以蒸汽机作为动力装置的轮船。

1807 年，富尔顿在美国制成明翰推进的蒸汽机船"克莱蒙脱号"，长 45 米，于 1807 年 8 月 18 日在纽约州的哈得逊河上进行历史性的航行，航速为 1.61 公里/小时。以后换用大桨轮，航速达到了 4.83 公里/时；后来又改用了较大的凝汽器冷却水泵，大大提高了蒸汽机的效率，使航速提升到 6.44 公里/时。"克莱蒙脱号"成为首创定期航线的轮船，航行在宾夕法尼亚州首府奥尔巴尼与纽约市之间长达 241.4 公里的航道上。后来经过多次改进，航速逐渐提高到 12.87 公里/时。

　　1808 年，富尔顿又建造轮船"海神之车号"和"典型号"，其中"典型号"轮船逆风航行时航速接近 9.5 公里/时。一年后，他又研制建成了防式渡轮"约克和杰赛号"与"纳索号"。每船有两个并列的船体，角桥连接，船面宽敞便于载运客货。

　　在此之后，富尔顿又建造了"新奥尔良号"等轮船。他一生建造了许多船，1812 年他制造了世界上第一艘蒸汽机军舰，这艘军舰在抗击英国封锁时起到了重要作用。

追寻史蒂芬逊的脚步

史蒂芬逊生于 1781 年，是英国著名的铁路蒸汽机发明家。

史蒂芬逊于 1781 年 6 月 9 日生于诺森伯兰郡一个煤矿蒸汽机技工的家庭。14 岁时，他在父亲所在的煤矿做蒸汽机维修保养工作，1812 年即成为基灵沃斯煤矿蒸汽机工长。1814 年，他成功地研制出了一种适合煤矿用的蒸汽机车。这种蒸汽机车能牵引着八节矿车以每小时四英里的速度将 30 吨煤从矿中拉出。1821 年，在修建斯托克顿·达灵顿铁路时，史蒂芬逊提出用他设计的蒸汽机车作为牵引机车的建议。这条铁路建成后，在 1825 年 9 月 27 日，一列由史蒂芬逊设计的"动力 1 号"蒸汽机车，牵引着满载 550 名乘客的列车，从达灵顿出发，以每小时 24 公里（15 英里）的速度驶向斯托克顿，这是人类历史上第一列被蒸汽机车牵引着在铁路上行驶的旅客列车。在这之后，史蒂芬逊又负责修建了从利物浦到曼彻斯特 64 公里（40 英里）的铁路。这条铁路使用史蒂芬逊和他的儿子 R·史蒂芬逊共同设计的新机车"火箭号"作为牵引机车，其速度为 47 公里/小时。

史蒂芬逊的一生对铁路的建筑和机车车辆的设计制造作出了卓越的贡献。

追寻法拉第的脚步

法拉第生于 1791 年，是英国物理学家，化学家。

1791 年 9 月 22 日，法拉第出生在英国伦敦城郊的一个铁匠的家里。他有一个哥哥和一个姐姐。法拉第 5 岁那年，全家搬迁到伦敦，住进曼彻斯特广场附近一条小巷内的破旧板房里。不久，法拉第又有了一个小妹妹。一家六口全靠父亲开的那个小铁匠铺来维持生计。沉重的负担压垮了父亲，他病倒了，只得把铺子典当给别人，全家靠救济过活。法拉第 13 岁时就被迫离开了学校，到里波先生的铺子里当学徒。他的工作就是送报，风里来雨里去，穿街走巷，满伦敦城奔跑。

一年以后，法拉第告别父母，搬进了里波先生的铺子，正式学手艺。他很快学会了书籍装订技术，而且装订得又快又好。法拉第酷爱读书，每天收工以后，他连干活的围裙和袖套都顾不上脱，就坐在工作台前聚精会神地看起书来。

《大英百科全书》里讲的电现象和《化学漫谈》里的实验叫法拉第着了魔。他决心把书上的实验都作一遍。他跑到药房去捡被扔掉的小瓶子，花上半个便士买最便宜的药品，就是用这些东西，他在那个小阁楼里装备起了自己人生中的第一个"实验室"。

晚上，法拉第钻进小阁楼，点燃一枝蜡烛，照书上的方法，用小瓶子做电机，用大瓶子做贮电瓶。"啪"，果真打出了火花！亲手制造了一次"雷电"，这使他高兴得跳起来，叫着，笑着，忘记了自己是在什么地方，也忘记了此时已是深夜。

一次偶然的机会，法拉第得到了几张英国皇家学院演讲会的入场券。当了六年学徒工的法拉第听着戴维教授的精彩讲演，飞快地记着笔记，眼睛盯着大讲台上的仪器，不停地写着、画着。

后来，法拉第把讲演记录整理装订成厚厚的一本寄给了戴维教授，并附上一封信，表达了准备献身科学的强烈愿望。戴维教授收到信后，被那娟秀的字体、精美的插图及信里洋溢着的挚诚的热情深深地感动了。

1813 年 3 月，由戴维教授推荐，皇家学院理事会聘请法拉第为实验室助手。同年 10 月，法拉第随戴维踏上了游历欧洲的旅途。作为助手，法拉第参与了戴维的许多次实验：首次证实碘是一种单质；组成金刚石的是碳；研究沼气的化学成分……法拉第随戴维会见过许多著名的学者：物理学家安培、伏特，化学家德拉里弗……1815 年 4 月，他们结束了旅行，回到了皇家学院。

1820 年，丹麦物理学家奥斯特搞清了电流对磁的作用，并公布了实验结果。不久，安培用实验证明了两根通电导线之间也存在着相互作用力。戴维和法拉第读到了这些报道并成功地验证了这些结果。

电对磁有作用，那么磁对电有没有作用呢？沃拉斯顿教授设计了一个实验，与戴维一起研究。当时，法拉第在别的城市办事，回来后才得知实验没有成功。但这个失败的实验犹如一颗火星，燃起了法拉第对电的兴趣。他把所有关于电和磁的研究报告都找来仔细地研究了一遍，并把别人的试验都重新作了一遍。然后，他开始自己动手设计新实验，并仔细分析了沃拉斯顿实验不成功的原因。他设计了新的实验装置：玻璃缸内倒入水银，中央立一根露出一极的磁棒，让穿有粗铜丝的软木浮在水银上，铜丝的另一端通过细导线接到磁棒的另一极。当他小心翼翼地接通电源后，软木微微晃了两下，缓缓地启动了，通电的导线绕着磁极转动了！这套粗糙的仪器，就是世界上第一台"电动机"。

1821 年的圣诞节，法拉第又作了一个电磁转动实验：让通电导线在地磁场里转动。当沃拉斯顿看到法拉第的实验时，老博士对这位年轻人敏捷的思维、大胆的设想深表钦佩。随后，法拉第又发明了低温加压使气体液化的方法，发现了苯，制成了不锈钢……

合金钢、光学玻璃制造技术的研究成果，使法拉第的名气越来越大，这些技术工作每年都能给他带来比皇家学院薪金高 10 倍的收入。法拉第把其中的大部分划归学院，其余部分则用于帮助亲友或捐赠慈善机构，而自己却始终过着简朴的生活。

从 1824 年到 1828 年期间，法拉第作了四次不同的尝试，想找到一种把磁变成电的方法，但都失败了。

终于，在 1831 年 8 月的一天，法拉第在一个圆铁环上绕上两组彼此绝缘的线圈，然后给第一组线圈接上电源，给第二组线圈接上一个电流计。法拉第发现，当电源接通和断开的瞬间，电流计的指针会摆动，也就说明有电流通过第二组线圈。这虽是一个简单的实验，现在的中学生都懂得它的原理，可这恰恰是19世纪最伟大的实验之一——电磁感应现象。现在广泛使用的变压器，就是根据它的原理制造出来的。但法拉第并没有因此感到满足，他要找到能产生恒定电流的方法。

法拉第改进装置又作了几次实验，终于发现，磁性变化越激烈，产生的感应电流就越强。他把一根磁铁插入线圈中，连接在线圈中的电流计指针摆起来了。接着，他用圆铜片代替线圈，铜片中央装个轴，夹在马蹄形磁铁两极间旋转。铜片嗖嗖地转着，电流源源不断地产生。世界上第一台"发电机"就这样诞生了。

牛顿力学原理是当时科学的"圣经"。牛顿说，空间里没有粒子存在的地方是一无所有的真空。法拉第却感到，空间并不是真空，到处都存在着"力线"：电荷周围的"电力线"，磁体周围的"磁力线"……他把充满力线的空间叫做"场"。法拉第用实验证实了不同形态的电的同一性，他又相继发明了测量电压的电压计，以及对静电屏蔽的研究……巨大的成功使他赢得全世界的称颂，荣誉接踵而至。

1862年，法拉第写下了他的最后一则实验日记。1865年，他辞去了皇家学院的职务。在最后的日子里，他为没有给妻子留下多少财产而深感不安。1867年8月25日，法拉第坐在椅子上安静地睡着了，从此再也没有醒来。这位伟大的物理学家和化学家就这样安静地结束了他辉煌的一生。

追寻达尔文的脚步

达尔文生于 1809 年，是英国生物学家，著有《物神起源》一书。书中提出的"进化论"，被恩格斯称为 19 世纪自然科学的三大发现之一。

1859 年 11 月的一天，在英国伦敦，人们争相购买一本刚刚出版的新书——《物种起源》，初版 1250 本在发行的当天就被抢购一空。书中的观点震撼了世界，动摇了禁锢人们思想许多个世纪的神创论。这本书的作者，就是英国伟大的生物学家查理·达尔文。他完成了进化论的理论研究，这在科学史上具有划时代的意义。

达尔文并不是最早提出进化论观点的人，在他之前，已经有许多科学家、哲学家提出过进化论的思想了。

而第一个提出完整进化论思想的则是法国生物学家拉马克。他认为外界环境是引起生物变异的直接原因。生物有适应外界环境的能力，经常使用的器官会越变越发达，不使用的器官就渐渐退化了。不仅生物先天的形态可以遗传，这种后天获得的特性同样也可以遗传。这就是拉马克的"用进废退"和"获得性遗传"学说。

拉马克把他的这些观点写进了《动物哲学》一书中。可是在 18 世纪末期，几乎所有的学者都不承认他的学说，反而以此来嘲笑和攻击他。的确，拉马克还缺乏充分的论据来证明他的学说。

拉马克失败了，除了他拿不出更多事实证明他的学说外，还因为他遇到了一个强有力的反对者，那就是居维叶。

居维叶是古生物学和比较解剖学的创始人，是当时法国最有权威的生物学家，他曾担任法国科学院的最高职务。

居维叶顽固地坚持上帝创造世界的观点，提出了灾变论。他认为地球上曾经发生过好几次大的灾变，每次灾变时，大多数生物都死绝了，然后上帝又创造出一批新的生物来。他还得出了最后一次灾变就是《圣经》上所说的五六千年前出现在诺亚时代的大洪水。这样，居维叶就用上帝的多次创造活动的观点赢得了多数学者的赞同。

在法国科学院里，还有一个科学家支持拉马克的进化论观点，反对居维叶的灾变论，他就是圣提雷尔。

圣提雷尔也是比较解剖学的创始人之一，他原来和居维叶是好朋友，可是，后来随着两人之间的分歧越来越大，他们成了论敌。

1830年，他和居维叶之间爆发了一场著名的论战，起因是在科学院一次会议上，圣提雷尔提交了两个青年科学家的论文。这篇论文提出墨鱼处于脊椎动物与无脊椎动物之间，因为在墨鱼身体中间有一根软骨，相似于脊椎动物的脊椎。圣提雷尔认为这篇论文证实了他所提出的无脊椎动物与脊椎动物有统一构造图的观点。

这篇论文遭到居维叶的猛烈攻击。争论的内容从比较解剖学、形态学扩展到了进化论与神创论的对立，论战一直持续了8个月，轰动了整个欧洲的学术界。

由于宗教界的支持，也由于圣提雷尔学说本身的不足，最后论战以圣提雷尔的失败而告终，居维叶由此获得了"生物学独裁者"的称号。

进化论者虽然暂时失败了，但他们却为进化论学说的诞生奠定了思想基础。正是以他们的成果为阶梯，查理·达尔文才登上了这一学说的高峰。

1831年12月，一艘三桅木帆船驶出英吉利海峡，航行在大西洋上。船尾站着一个有着高高额头、浓眉乌发的英俊年轻人，他就是年仅22岁的生物学家查理·达尔文。只见他从船尾布下的网中取出捕获的生物，对它们逐一鉴别、解剖，并登记入册。此后，他随着这艘叫贝格尔号的海军勘探船，开始了历时五年的环球考察。

查理·达尔文出生于英国西南部施鲁斯伯里城一个世代为医的家庭，他的祖父伊内兹马斯·达尔文不仅医术出众，而且是一位生物学家和诗人。他的父亲罗伯特·韦林·达尔文也是当地著名的医生。

他的父亲希望他能继承父业，成为一名医生，因此把他送到了爱丁堡大学学医。可是达尔文对学医并不感兴趣，却热衷于采集标本，寻找矿石。父亲不希望他成为一名生物学家，因此又把他送到剑桥大学基督教学院学习神学，想让他成为一个牧师。但达尔文仍醉心于生物学，他经常去听生物学、地质学的课，并由此结交了他的老师——植物学家亨斯洛和地质学家塞治威克，并跟着他们出去作科学调查，也正是亨斯洛推荐他随贝格尔号舰考察的。

五年的航海生活异常艰苦，达尔文以超常的毅力战胜了种种磨难，他不仅采集到了大量珍贵的动物、植物、化石标本，记下了几大本观察日记，写出了多篇论文，更重要的是他抛弃了神创论的观点，得出了一个科学的结论，那就是生物进化论。正像他自己所说的："贝格尔舰航行是我一生中极为重要的事件，它决定了我的事业方向。"

考察结束回国后，他首先搜集动物、植物在家养情况下变异的事实。他印发了许多调查表，向动物饲养家和农作物育种家搜集资料，还广泛阅读书刊，其中也包括了中国的农书。经过一段时间的研究，他得出结论：自然界中的生物，通过生存斗争，适者生存，生物进化形成了新的物种，并把这个过程叫做自然选择。他把他的想法告诉了他的朋友——地质学家赖尔和植物学家虎克，然后就开始动手撰写他的巨著——《物种起源》。

从 1842 年起，达尔文开始起草进化论的提要，1844 年，他完成了《物种起源》的详细提纲。直到 1858 年，他仍在继续撰写这部书。

他的好朋友赖尔和虎克都不断地催促他，要他赶快把他的理论写出来，并且警告他说："否则就会有人跑到你的前边去了。"达尔文听了只是一笑了之。他是一位非常严肃认真的科学家，他非要找到确凿的证据才肯动手，并且要使他的理论尽可能地完善、严谨。

在这期间，果真有一个年轻人赶到他前边去了，那就是华莱士。华莱士曾到南美洲的热带地域和亚洲东南的马来群岛去旅行。华莱士发现，从巴厘岛到龙目岛之间存在一条分界线，东西两侧岛屿上的动物和植物迥然不同，这条分界线至今仍被称为"华莱士"线。

华莱士的性格与达尔文完全不同，他一旦产生某种新思想，马上就伏案写作。华莱士决定把自己的论文寄给自己所尊敬和信赖的一位学者，这个学者就是达尔文。

1858 年夏天，达尔文收到了华莱士从马来群岛寄来的论文《论变种无限离开原始型的倾向》，华莱士还附言解释，说这是一篇探讨物种起源的论文。

华莱士在信中写道："如果您认为这篇文章有价值的话，请您转给赖尔看一看。"

达尔文如果推荐了它，华莱士就将成为这一重大发现的创始人了，而这也意味着自己将失去为之倾注了全部心血、耗费了20年时间的重要理论的开创权。达尔文心里非常懊丧和遗憾，但他是一个非常正直的科学家，他追求的是真理，而不是对荣誉的垄断权，达尔文立即提笔给赖尔写了一封信，热情地推荐了这篇论文，并且决定放弃自己的大规模写作。

赖尔很快写来了回信，他和虎克都认为这样做是不公平的，因为他们阅读过达尔文在1842年写的一篇完整的进化论的论文。当华莱士后来知道了事情的真相后，深深为达尔文的自我牺牲和谦虚精神所感动，并心悦诚服地把进化论创始人的位置让还给达尔文。

在赖尔和虎克的鼓励下，达尔文又重新拿起笔来写作。1859年底，这部凝结着达尔文20多年心血的科学巨著——《物种起源》终于出版了。

1877年，达尔文的母校剑桥大学决定授予达尔文荣誉学位，以表彰他对人类作出的杰出贡献。达尔文的进化论得到了无产阶级革命导师马克思、恩格斯的高度评价。马克思赞扬道："达尔文的著作非常有意义，这本书可以作为我研究历史上阶级斗争的自然科学根据。"并把他著的《资本论》第一卷题赠给达尔文，书页上写道："赠给查理·达尔文先生。您真诚的钦慕者卡尔·马克思。"恩格斯将达尔文的进化论誉为19世纪三大自然科学发现之一（细胞学说、能量转换定律、进化论）。他在马克思墓前哀悼马克思时曾说："正像达尔文发现有机界发展规律一样，马克思发现了人类历史的发展规律。"

100多年来，达尔文的进化论经受住了种种考验，而且它还不断地从现代科学的发展中汲取营养，逐步丰富、发展和完善自己，与生物在进化一样，进化论也在不断地进化中。

追寻巴斯德的脚步

路易·巴斯德生于 1822 年，是法国微生物学家、近代微生物学的奠基人。

1822 年 12 月 27 日，路易·巴斯德出生在法国东部一个叫洛鲁的小城镇里。他父亲是鞣革工人，母亲是农家女。

1843 年 8 月，巴斯德升入高等师范学校。在上大学期间，对课堂上所学的知识，他都要用实验来验证。因为他整天埋头于实验室，所以被同学们笑称为"实验室的蛀虫"。

1864 年，24 岁的巴斯德从高等师范学校毕业，并通过了物理教授资格考试。他被任命为发现溴元素的著名学者巴拉尔先生的实验室助手。他一面做助手工作，一面撰写博士论文。一年以后，巴斯德取得了物理学博士学位。

巴斯德热衷于结晶化学的研究。他细心观察反复实验，终于发现原来是组成两种酒石酸分子的空间结构不同。后来，以巴斯德这一发现为基础，出现了一门名为"立体化学"的新学科。

1854 年 9 月，巴斯德被任命为新创立的里尔大学化学教授兼总务长。他除教书和管理学校事务外，还研究发酵现象并发现了乳酸菌。这一发现推翻了发酵与生物无关的理论。用巴斯德的理论指导生产，大大提高了酒精的产量。1860 年，科学院授予巴斯德实验生理学奖。

一次巴斯德在研究中发现了一个疑问：引起发酵的微生物是从哪里来的？人们都认为生物是自然产生的，腐肉中自然就长出蛆来。

但巴斯德却没有盲目地认同，他设计了一种口很小、颈细长弯曲的曲颈烧瓶，烧瓶内放入易腐溶液，然后用高温杀灭微生物。由于空气中飘浮的微生物孢子不易通过细长弯曲的瓶颈，瓶内的溶液放置了很长时间也没有变质。

这充分说明了微生物不是自然产生的。

1862 年，巴斯德当选为法国科学院院士。

后来，巴斯德用显微镜观察到：变质的葡萄酒中有一种不知名的微生物在大量繁殖。巴斯德作了无数次实验，发现将酿成的葡萄酒加热到 50～60℃并保持一段时间，引起酸败的微生物孢子就会死亡，这就是他发明的防腐法——巴氏消毒法。他并没有申请专利，而是把它公布于众。他认为利用研究结果获利是学者的耻辱，这种信念，终其一生都没有改变。

当时有一种称为小黑斑病的蚕病正在法国南部流行，这使得当地的养蚕业主受到很大的损失。经过两年的研究，巴斯德发现只有选留健康的蚕卵，才是避免小黑斑病流传的最有效的方法。但许多人都不相信一位化学教授能解决生物学难题。第二年，那些按照巴斯德方法做的养蚕人都获得了成功，恪守旧法的人则又一次蒙受了巨大损失。

1868 年 10 月 19 日，巴斯德突发脑溢血。但病床上的他仍念念不忘一种蚕病——软化病的研究。他请学生作记录，口授了一篇论文。当论文送到科学院时，许多著名学者看后都惊叹不已。到 12 月，他终于可以起床了，巴斯德拖着尚未痊愈的病体，来到法国南部的阿列。他把预先选定的蚕种（包括健康的、患小黑斑病的、患软化病的）分送给养蚕人，让他们亲手作实验。很快，巴氏预防法在法国得以推广，并流传到世界各地。

巴斯德试图探讨一个医学奥秘：人和动物的某些疾病，是否也有微生物参与。医生格兰怀疑伤口化脓与空气中的微生物有关，所以他邀请巴斯德一同研究。巴斯德用实验证明了传染病和化脓症的真正原因是微生物。他建议将外科手术器具放在火焰上烧灼，以杀灭微生物，但当时大多数医生都不承认巴斯德的学说。

1876 年 9 月，巴斯德代表法国出席在意大利米兰举行的国际养蚕大会。巴斯德的理论和实验，得到了大会的一致肯定。回国后，他拖着不太灵便的病体，又开始了对炭疽病的研究。

炭疽是在家畜身上发生的一种可怕的传染病，它给畜牧业带来了极大的危害，而且还会传染给人类。巴斯德用显微镜观察了病畜的血液，终于发现了炭疽杆菌。他在牧场实地考察，发现是蚯蚓将埋葬的死畜身上的病菌带到地表，污染了牧草，家畜吃了这种牧草后患上了炭疽病。

既然找到了炭疽病发病的原因，那么该如何预防呢？巴斯德从对鸡霍乱的研究中得到了启发。他发现，把鸡霍乱菌培养液放置一段时间，再注射到健康鸡身上，只会引起轻微的症状，被注射过的鸡痊愈后，就对鸡霍乱病有了抵抗力。

于是，他把炭疽杆菌培养液在42℃恒温下保存10～12天，然后制成了疫苗。注射过疫苗的家畜果然有了免疫力，不会再感染炭疽病了。1882年5月，巴斯德和助手们在姆兰村用50只羊公开作实验，给其中25只注射了疫苗，另外25只羊不注射。几天以后，给50只羊全注射上毒性很强的炭疽杆菌培养液。结果，注射过疫苗的羊安然无恙，没有注射疫苗的羊全都死于炭疽病。实验的成功轰动了整个法国。法围政府给巴斯德和他的两位助手颁发了勋章，以表彰他们所作的贡献。

1882年8月，巴斯德在国际医学会议上提出了关于鸡霍乱和炭疽疫苗的报告，与会代表用经久不息的掌声表达了对这位科学家衷心的敬意。同年，巴斯德被选为法国研究院院士——这是作为一名学者的最高荣誉。

1880年底，一位兽医带着两只病犬来拜访巴斯德，问他能不能制成狂犬疫苗。狂犬病是一种可怕的传染病，人和家畜被病犬咬伤之后，也会因患上狂犬病而很快死亡。在此之前，狂犬病是一种不治之症。

巴斯德很快投入到对狂犬病的研究之中。他取出病犬的脑，然后加水研磨，把制得的液体直接注射到健康家兔的脑里。几天后，兔子便得狂犬病而死。巴斯德立刻取出死兔的脊髓，又注射到健康家兔的脑里……如此重复下去，作了近100次实验，终于制成了毒性很强的狂犬病毒培养液。

巴斯德发现，把死病畜的脊髓放置在空气中，14天之后就会完全失去毒性。将此脊髓用蒸馏水研磨后制成疫苗，给几条狗注射，接着用放置13天的病畜脊髓制成的疫苗注射……最后用刚死的病畜脊髓制成的疫苗来注射，结果实验的狗都安然无恙。

1885年7月的一天，一位少妇从遥远的乡村赶到巴黎，请求巴斯德救救她被疯狗咬伤的儿子。巴斯德犹豫了，但是望着忧伤的母亲，他觉得有义务作一次救人的尝试。

他在10天中连续给少年注射了十几针不同毒性的疫苗。每天晚上，焦虑的巴斯德都彻夜不眠，5天、10天、1个月过去了，少年终于恢复了健康并安然返回家乡。消息传开后，国内外络绎不绝的患者蜂拥而至，巴斯德和助手日夜不停地忙碌着。

　　可研究室太小，设备太差，巴斯德向科学院提出建议：建立新的诊疗所。由于长年的过度工作严重损害了巴斯德的健康。1887年10月23日上午，他的脑溢血又发作了。他倒在写字台上，舌头麻痹，说不出话来。

　　1888年，"巴斯德研究所"竣工，法国总统和各界人士都出席了隆重的落成典礼。望着宽敞的实验室和良好的设备，此时已不能言语的巴斯德感到了莫大的喜悦——梦寐以求的愿望终于实现了。

　　病中的巴斯德仍每天以缓慢的步伐从家走到研究室，为狂犬病患者治疗。

　　1895年6月13日，巴斯德走下台阶乘马车去疗养地，谁也没想到这竟是他与研究所的永别。这一年9月28日凌晨，他永远地闭上了眼睛，法国政府为他举行了隆重的国葬。

追寻诺贝尔的脚步

　　诺贝尔生于 1833 年，是瑞典著名的化学家、发明家。

　　1833 年 10 月 21 日，诺贝尔生于瑞典首都斯德哥尔摩。他的父亲是一位普通的机械师，虽然没有受过高等教育，但却喜欢搞发明，作化学实验，一有空就制造炸药，并且对建筑学也很有见解，是一个热爱科学的人。他的母亲是一位有文化教养的妇女，她性格爽朗，聪明善良，乐观而有自信心。

　　1841 年，诺贝尔进入雅可布小学。在此期间，俄国公使知道了他父亲正在研制水雷的消息，便邀请诺贝尔的父亲去彼得堡工作。于是，诺贝尔一家于 1842 年 10 月来到了彼得堡。

　　9 岁的诺贝尔因不懂俄语，身体又不好，无法进入当地学校学习。父亲就请了一位家庭教师，辅导他们兄弟三人学习。诺贝尔在语言方面很有天赋，很快就学会了俄语。在以后的日子里，他还学会了英语、法语、德语、意大利语等多国语言。

　　1850 年，17 岁的诺贝尔和两个哥哥都成为父亲工厂里的一员。因为诺贝尔的外语很好，所以作为工程师被派到欧洲和美国去学习新的科学技术。

　　1852 年，诺贝尔回到彼得堡。不久，克里米亚战争爆发，工厂里更忙了。面对残酷的战争现实，诺贝尔觉得只有拥有强大的武器，才能不怕别国的挑衅。基于这种考虑，诺贝尔受俄国化学家的委托，开始研究一种威力巨大的炸药——硝化甘油。

　　1856 年，克里米亚战争终以俄国失败而告终，工厂生意也随之一落千丈，父亲不得不把工厂转让出去，然后带着弟弟爱弥尔回到了瑞典。诺贝尔和两个哥哥仍旧留在俄国，他们三人都在工厂做工，生活十分艰苦。

后来哥哥路德维希买了一家小工厂，当上了老板，兄弟三人的生活才随之好起来。于是，他又开始了硝化甘油的研究。

1862年初，诺贝尔的父亲试图用硝化甘油制造出更好的炸药。他把硝化甘油与固体黑色炸药混合在一起进行实验，但实验的结果却是：这种炸药放置几小时后，爆炸力就大大减弱，没有实用价值。父亲的实验失败了。

诺贝尔接手了父亲的研究。1863年，诺贝尔回到瑞典。他和弟弟一起在斯德哥尔摩海伦坡建立了一所实验室，从事硝化甘油的制造和研究。经过多次试验，在这年年底，他终于发明出了用雷管来引爆硝化甘油的方法，并于1864年取得专利。

初获成功后还未来得及品尝胜利的喜悦，接踵而至的却是一次巨大的挫折。1864年9月3日，海伦坡实验室在制造硝化甘油的时候发生了巨大的爆炸，当场炸死了五人，其中包括诺贝尔20岁的弟弟爱弥尔。小小的工厂也在爆炸中变为一片废墟，父亲心力交瘁，病倒了。

幸运的是，瑞典国有铁路要在新的隧道工程中使用硝化甘油炸药，并且还有两位实业家愿意出资合作。1865年3月，诺贝尔在温特维根建造了世界上第一座硝化甘油工厂。

1865年同年秋天，他又在科隆梅尔开设了一座大型工厂。在这里生产的火药远销到德国、奥地利、比利时、英国、美国、澳大利亚等国。

可随之而来的消息却是硝化甘油炸药造成的巨大灾难：美国一列火车因炸药爆炸，厂房及附近民房化为一片废墟……这使各国立刻对硝化甘油失去了信心，有些国家甚至下令禁止制造、贮藏和运输硝化甘油。

诺贝尔处境十分艰难，但他却仍充满信心地寻找着解决硝化甘油不稳定这一难题的方法。他试着用一份重的硅藻土去吸收三份重的硝化甘油……实验非常成功，他第一次制成了运输和使用都很安全的硝化甘油工业炸药——诺贝尔安全炸药。人们逐渐消除了先前的恐惧心理，对其安全性深信不疑。

自1868年起，在美国和欧洲许多地方相继设立了诺贝尔公司。炸药的用途越来越广泛，公司的规模也随之不断扩大。

1872年，诺贝尔的父亲去世。过了一年，诺贝尔将安全炸药公司总办事处设在巴黎，附设一个实验室。他在这里作了许多实验，改进了炸药的制造方法。尽管安全炸药销量直线上升，但诺贝尔觉得它的性能仍不能与硝化甘油相比，于是又着手研究新炸药。通过多次实验，他得到了一种爆炸力很强的胶状物——炸胶。

1881 年，诺贝尔迁居巴黎郊外的塞布兰，经过长年累月地测试，于 1887 年发明了无烟火药。它的爆炸力比黑色火药大得多，爆炸时充分燃烧，烟雾很少。如今在军事工业中普遍使用的火药都属于这一类。

在发明无烟火药后的两年里，诺贝尔的哥哥路德维希和母亲相继去世。1890 年，他又搬到意大利的桑·里莫。在这里，他取得了"火箭发射法"、"留声机和电话的改良"及"电池的改良"等几项专利。

诺贝尔发明的火药，虽然对生产有贡献，但同时也被用于战争，使许多人丧生。对于这一点，诺贝尔感到万分痛心。残酷的现实使他明白了，制止战争并不是依靠强大的武器，而是要向人们诉说战争的可怕性和灾难性，号召人们热爱和平，不要战争。

诺贝尔一生中都在从事发明创造，共得到各种专利 355 项。他家财万贯，但一直过着独身生活。1895 年 11 月 27 日，诺贝尔立下遗嘱，献出全部财产，用它的利息设立物理学、化学、生理学（或医学）、文学、和平等五项奖项，用来奖励那些为人类发展作出杰出贡献的人，这就是著名的诺贝尔奖。

1896 年 12 月 10 日，诺贝尔在桑·里莫逝世，享年 63 岁。他的遗骨被运回斯德哥尔摩，葬在父母、弟弟长眠的诺甘·恰恰德公墓。

追寻爱迪生的脚步

爱迪生生于 1847 年，他一生有 2000 多种发明，是当之无愧的"发明大王"。

爱迪生出生在美国密执安州的米兰。他的父亲是农民，也给别人做木工；母亲曾做过教师。由于家境贫寒，爱迪生在小学里读了三个月的书就被迫辍学了。从此，他跟随母亲，顽强地进行自学。12 岁时，他父亲把家迁到休伦埠，他在火车上当了报童。

从此，他成了《底特律自由报》的最认真的读者、底特律青年协会图书馆的阅读常客。为了在空闲时间搞点化学实验，爱迪生还把实验用的瓶瓶罐罐搬到了火车的行李车里。谁知有一次火车震动得很厉害，把一个装着黄磷的玻璃瓶从桌子上震落下来，摔得粉碎。由于黄磷易燃，行李车里顿时冒起了滚滚浓烟，蹿起了很高的火苗。爱迪生连忙脱下外衣一面扑打，一面呼救。等大家赶来把火扑灭时，行李车里的东西已经烧得差不多了。乘警赶来，得知事故是由爱迪生引起的，不容分说，便给了爱迪生几记耳光。爱迪生只觉得耳朵里"嗡"的一声，接着就是一阵揪心裂肺的疼痛，从此耳朵再也听不见任何声音了。

后来，一次偶然的机会，爱迪生救了一个车站站长的儿子，恰好这位车站站长还是位出色的电报报务员。为了报答救子之恩，他向爱迪生表示，愿意尽平生所学，义务地将电报术传授给他。几个月的工夫，爱迪生就完全掌握了电报术。1864 年，爱迪生通过友人的推荐，到当地的瓦克尔电报局担任了报务员。

1868 年初，21 岁的爱迪生接受好友亚当斯的邀请，来到了波士顿。亚当斯介绍他到西部联合电报公司去工作。但经理密立根提出了一个条件，就是要对他当众进行考试，考试合格，才能录用。结果，他不仅被当场录用，还被定为二级报务员。密立根听说爱迪生正在研制二重发报机，就给予了他很大的鼓励和支持。

　　1869 年年初，爱迪生终于试制成功了二重发报机。当地的报纸立即用重要的版面位置刊登了消息；专业性的《电报杂志》也以《爱迪生先生与二重发报机的发明》为题，发表了评论。大家一致认为，这项发明非常重要，是电报发展史上的一件具有重大意义的事情。

　　爱迪生在发明二重发报机之后，又辗转于波士顿、纽约、纽瓦克三个城市。在艰难困苦的条件下，先后发明了自动发报机，二重、四重、六重发报机，还协助别人制成了世界上第一架英文打字机，为他自己买下门罗公园实验基地打下了基础。

　　有了栖身之地，24 岁的爱迪生开始考虑建立自己的家庭了。1871 年圣诞节，他和一位名叫玛丽的姑娘结了婚。美满的新婚生活，为爱迪生增添了无穷的力量，门罗公园实验室的工作节奏更快了。

　　有一次，爱迪生在研究改进电话机的传话器的时候，发现传话器里的膜板随着说话的声音能引起相应的震动，便想进一步探讨这种震动的幅度到底有多大。但因为耳朵有毛病，只得用触觉来代替听觉。他找了根短针，一头竖在膜板上，一头用手指轻轻按着。对准膜板一讲话，手指头便觉得短针在颤动。讲话声音高，颤动就快；声音低，颤动就慢。

　　这一发现，引起了他的极大兴趣。于是，他就接二连三地试，结果都是一样。他端详着那根短针，猛然想到："说话的声音能使短针颤动，那么，相反地，这种颤动反过来也一定能发出原先说话的声音。"想到这里，他只觉得眼前一亮，心中豁然开朗。

　　可是到底应该用什么材料"贮存"声音呢？他先用纸条试，再换胶版、白垩试，结果都不能令人满意。他左想右想，直到深夜，才想起用蜡纸比较合适。他赶忙跑到材料库里取来，小心翼翼地安在自己设计的怪机器上，一试，效果果然挺好。他禁不住笑逐颜开，提笔在记事簿上写道：1897 年 7 月 18 日，我用一块有尖端突起的膜板，对准急速旋转的蜡纸，话音的振动便非常清楚地刻在蜡纸上。试验证明，要将人的声音全部予以贮存，日后有需要时把它自动放出来，是完全可以做到的。

　　11 月 29 日早晨，爱迪生把绘图能手克鲁西叫到办公室里，不声不响地从笔记本上撕下一张纸，笑眯眯地递到克鲁西手里。克鲁西一看，纸上画着一架怪里怪气的机器的草图：一个金属大圆筒，边上刻着螺旋槽纹，架在一根长轴上；长轴一头装着个曲柄，摇动曲柄，大圆筒也会跟着一块儿转动；另外还有两根金属小管，管的两端都装有一块中心有钝头针尖的膜板。克鲁西琢磨了半天，也不知这架机器是干什么用的，又不好直接问他，只好说："你什么时候要？"爱迪生合上笔记本说："马上照图样做出来，越快越好！"克鲁西赶快跑到车间把机器加工出来，请爱迪生过目。爱迪生接过机器，左瞧右看，足足看了有吸一支烟的工夫。

车间主任卡门正好有事找爱迪生，看到这架机器也感到奇怪。他和克鲁西再也忍不住了，于是就对爱迪生说出了心中的疑问。

克鲁西："爱迪生先生，这到底是什么玩意儿呀？"

爱迪生："是会讲话的机器，克鲁西。"

克鲁西："会讲话的机器？你别跟我开玩笑了！"

卡门："你要是能叫它开口说上一句话，我愿奉送一盒特级雪茄烟。"

克鲁西："只要说上半句，我就奉送一大篓苹果。"

爱迪生："行呀，灵不灵当场试验。要是讲不出话来，这一盒雪茄烟，一大篓苹果，算我请客。"试验开始了。

爱迪生让克鲁西拿来一张锡箔，把它包在刻有螺旋槽纹的金属圆筒上，然后摇动曲柄，那大圆筒也跟着打起转儿来，可是没摇几下，只听"嚓"的一声，刚刚裹上去的那张锡箔就碎裂脱落，纸片飘飘摇摇落到了地上。要不是嘴捂得快，卡门差点笑出声来。

两人正在暗自高兴，爱迪生已裹上了第二张锡箔。他这次做得格外仔细，还用胶水把接缝的地方牢牢粘住，又把圆筒前后转几下，确定没有问题了，才开始试验。

克鲁西和卡门在旁边静静地站着看。爱迪生一面轻悠悠地摇着曲柄，一面对准圆筒前那根小管子纵声唱起来：

玛丽有只小羊羔，

雪球儿似的一身毛。

不管玛丽往哪去，

它总跟在后头跑。

歌儿一唱完，爱迪生也歇手不摇了。他把圆筒转回原位，将刚才对准它唱歌的那根小管子拨开，拉过另一根小管子来对着大圆筒，再轻悠悠地摇动曲柄。奇妙的事情发生了。随着圆筒的缓缓转动，机器突然开始唱起歌儿来了："玛丽有只小羊羔……"字字句句，清清楚楚，跟爱迪生唱得一模一样。

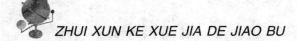

克鲁西和卡门，惊得目瞪口呆，嘴巴。张得老大老大。过了好半晌，只见克鲁西面部肌肉抽动，突然迸出一句话来："我的老天爷！这玩意儿果真会讲话呀！"爱迪生的发明就这样被证实成功了。电灯和留声机是爱迪生两项最主要的发明。对电灯的研究工作，早在研究留声机之前就开始了，但因为困难很多，所以直到留声机问世之后它才获得成功。

19 世纪 70 年代，发明电灯的条件已经日趋成熟，爱迪生开始了研究电灯的工作。一开始，爱迪生要求自己发明的电灯结构简单，使用方便，价钱便宜，而且无声、无烟、无臭，对人体无害。他认为，弧光灯成本高，耗电多，光线刺眼，用做家庭照明不太适合；白炽灯造价低廉，光线明亮而又柔和，要研究电力照明，就要向这方面努力。

研究白炽灯，最大的难题就是玻璃泡里那一截耐热材料不好找。爱迪生找来各种材料，进行了几千次的试验，终于发明了价廉物美、即使普通老百姓也能用得起的白炽灯。

在发明了留声机、电灯之后，爱迪生又马不停蹄地向其他目标进军了。在其后的日子里，他又搞出了许多发明：电影机、蓄电池、从菊科植物中大量提取乳胶、改进直升机设计方案……但是，岁月毕竟是不饶人的。84 岁的发明巨人终于因为患尿毒症而病倒了。1931 年 10 月 18 日凌晨 3 时 24 分，记者们发出了这样的消息："灯火熄灭了！"

熄灭了吗？不，爱迪生精神永不熄灭，它将永远照耀着世界，永远激励着人们不断前进。

追寻贝尔的脚步

贝尔生于 1847 年，他是美国著名的发明家，主要的发明有电话、助听器等。

贝尔于 1847 年出生于爱丁堡。他的父亲和祖父都是一生致力于聋哑事业的著名语言学家。贝尔的父亲还创造出了一套借助手势、口型来表达思想感情的"哑语"，给聋哑人带来了很大的方便。贝尔受到祖父和父亲的影响从小就对语音的传递产生了浓厚的兴趣。在学校里贝尔的语音学并不是很优秀，年幼的贝尔十分淘气调皮，他的书包里常常装着麻雀、老鼠、小狗之类的小东西。有一次上课的时候，他的小老鼠从书包里逃了出来，满教室乱窜，全教室的学生你追我赶，弄得老师简直没办法上课。

小贝尔虽然贪玩淘气，但他从小就喜欢拆装玩具或者解剖一些小动物，这对他形成良好的手工操作技能起到了促进作用。有一次贝尔看到附近的水磨磨谷物时十分费劲，他便决心要改造一下这个水磨，让它能更好地磨谷物。他大量地翻阅了家里的图书资料，经过一个月反复推敲琢磨，贝尔设计出一幅改良水磨的草图。按他设计的方案把水磨改良后，那台水磨操作起来轻松自如，效率较以前得到大大提高。他也因此受到了人们的称赞，这件事给了贝尔很大的自信，也使他对科学产生了兴趣。从此他开始自觉地学习功课，等贝尔上到高中时，他已经是学校里的优等生了。

1864 年，17 岁的贝尔进入苏格兰的爱丁堡大学学习，由于受祖父和父亲的影响，他选择了语音专业。1867 年他又到伦敦大学继续攻读语音学，成为加拿大一所中学的语音课教师。贝尔在语音学上的广博而精深的知识，很快引起了专家们的重视。

贝尔在 25 岁时成为了美国波士顿大学的语音学教授，后来便定居美国。在一次实验中，他偶然发现了一个非常有趣的现象：电流导通或截止的时候，螺旋线圈会发出噪音。于是在贝尔的脑海中涌现出一个大胆的设想：在讲话的时候，如果能够使电流强度的变化模拟出声波的变化，那么用电流传递声

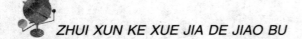

音的设想不就能够实现了吗？不过把理论变成现实对当时的贝尔来说，是非常困难的一件事，因为当时的贝尔对于电学的知识几乎一窍不通！

1875 年 3 月，他专程赶到华盛顿向当时美国威望很高的大物理学家约瑟夫·亨利请教。亨利听了贝尔的设想后，对贝尔说："你有一个很了不起的设想，小伙子，努力干吧！""可是，先生，在制作方面还有很多困难，而最困难的是我不懂电学。""掌握它！"这位大科学家鼓励贝尔说。"掌握它！"这句话极大地鼓舞了贝尔制造电话的信心，并且从此成为贝尔人生的座右铭。

从此，贝尔把全部的精力都投入到电学的研究上，很快他便掌握了所需的电学和声学知识。1873 年贝尔辞去波士顿大学语音学教授的职务，租了近郊公寓的一间破旧的小屋，开始了他研究电话的历程。两年中，他和助手华特生经历了无数次的磨难和失败。

有一天，他和他的助手分别在两个房间里准备作对话实验。贝尔不小心把桌子上的硫酸弄翻了，结果硫酸洒在了他的腿上，不仅烧坏了贝尔的裤子，同时也把贝尔的大腿灼得火辣辣的。疼痛难忍的贝尔忍不住叫了起来："华特生，快过来，我遇到麻烦了！"隔壁房间正拿着听筒和对话筒的华特生清楚地听到了贝尔的喊叫，他也高兴地叫了起来："我听到了，贝尔先生！"就这样，电话被贝尔发明出来了。

贝尔不仅发明了电话，他还有一个重要的贡献就是制造了助听器，给耳聋病人带来了福音！

虽然贝尔发明的电话机对于通讯发达的今天显得十分笨拙，但他那勤奋、执著和顽强的进取精神一直铭刻于人们心中！

追寻巴甫洛夫的脚步

巴甫洛夫生于 1849 年，是前苏联生理学家、心理学家。

巴甫洛夫出生在俄国中部小城的一个穷牧师家庭里。巴甫洛夫少年时代在教会学校读书，按传统的习惯，他今后应继承父亲的衣钵，当一名牧师。然而巴甫洛夫却走上了一条完全不同的科学研究的道路。

巴甫洛夫对科学研究的那份执著，早在教会学校读书时便开始了。那时巴甫洛夫有幸接触到一些宣传自然科学的书报，使他对自然科学产生了浓厚的兴趣。1870 年，巴甫洛夫断然地放弃了再过一年就可到手的教会中学毕业文凭，和弟弟德米特里一起踏上了去彼得堡的路途。

由于巴甫洛夫兄弟俩在中学里都有坚实的学习基础，因此很顺利地通过了大学的入学考试，一起进入了彼得堡大学。最初，他们进入物理和数学系，由于巴甫洛夫从小就对生理学感兴趣，于是他又改变了学科，专门攻读生理学专业。大学毕业时，因出色的学习成绩和优秀的生理学毕业论文，他获得了生理学学士学位，还得到了学校的金质奖章。

不久，他被聘为军医学助教，同时他又向学院提出请求，要求一边当助教，一边再让他插班学习。经考试，他进入医学院二年级学习，成了一名助教兼大学生。这是他第二次上大学，到毕业时，他得到了"医师合格证书"。五年以后，巴甫洛夫得到了讲师头衔，研究工作也取得了一些成果，又到德国留学了两年。学成归来后，巴甫洛夫开始了生理学方面的伟大事业。他首先研究了神经系统对心脏的影响，在生理学史上第一次证明了神经系统对心脏的作用。后来，人们把这种对心脏跳动力量有特殊加强作用的神经，称为"巴甫洛夫神经"。

随后，在彼特金医院的生理实验室里，巴甫洛夫又对消化系统进行了深入的研究。可惜巴甫洛夫的实验失败了，但他并没有放弃，又坚持作了许多次实验，虽然实验并没有成功，但他终于搞清了失败的原因。

经过不懈努力，巴甫洛夫终于揭开了消化系统的奥秘。由于在消化生理学方面的卓越成就，巴甫洛夫于 1904 年获得了诺贝尔奖。但巴甫洛夫并没有躺在荣誉上停滞不前，他在研究消化系统经验的基础上，继而转向对大脑的研究。

巴甫洛夫经过仔细研究确认，发现了条件反射，并且他还证实了条件反射是暂时的。巴甫洛夫的研究，创立了条件反射学说，也就是高级神经学说。

步入老年的巴甫洛夫又展开了对动物和人类精神病的研究。也是巧合，1924 年秋的一场水灾帮他作了一次天然的实验。实验证实，强烈的刺激和神经的极度紧张，都会引起精神病。就这样，巴甫洛夫应用他创立的高级神经学说找到了精神病的原因，于是他力图把所得的研究结果运用到人类的疾病治疗上去。

他经常到列宁格勒的一所精神病院去了解各种精神病病人的情况。当时医院里有个病人，因受过一次精神性创伤后就一直昏睡，这一睡就是 22 年。这些年里，他不吃东西，只靠滴液维持生命。巴甫洛夫认为他实际上并没有病，他的嗜眠只是大脑处于深度抑制状态，就像有些动物的冬眠一样，有一天他会醒过来的。果然，这位病人有一天突然清醒了，还和巴甫洛夫进行了简短而清楚的交谈呢。

这以后，巴甫洛夫在深入进行了人类精神病的研究后，创立了医治精神病的睡眠法，治愈了许许多多的精神病人。

巴甫洛夫的一生都热情地献身于科学，不断地探索和发现。即使在他晚年的时候，仍然取得了很多重大成果。例如人类第二信号系统的理论，就是他 80 岁以后的研究成果。

由于巴甫洛夫高级神经学说的建立以及他对生理学、医学的巨大贡献，在第 15 届国际生理学大会上，各国的代表都怀着敬意给予巴甫洛夫极高的评价，大家称他为"世界生理学家中的第一人"。

但就在这次会议后的第二年，86 岁高龄的巴甫洛夫因患严重的肺炎而住进了医院。为了鼓励青年一代去攀登新的科学高峰，临终前他还给前苏联青年科学工作者写了一封公开信。在这封信里，巴甫洛夫总结了他 60 年来从事科学研究的经验，并将这些宝贵的经验，毫无保留地传授给后人。他还要求青年们要循序渐进，要谦逊，要热情。

1936 年 3 月 27 日，这位伟大的科学家逝世了。人们听到这一消息，无不为之扼腕叹息。

追寻弗洛伊德的脚步

弗洛伊德生于 1856 年，是奥地利著名的心理学家，精神分析法的代表人物。

弗洛伊德于 1856 年 5 月 6 日出生在奥地利弗赖贝格镇的一个犹太商人家庭。由于受到反犹太者的迫害，四岁时，举家迁往奥地利首都维也纳。在父亲的教导下，他酷爱读书并在那里读了小学和中学。他还自修希伯来文，精通好几种语言并以优异的成绩毕业。

1873 年，弗洛伊德进入维也纳大学医学院，从 1876 年起在著名的生理学家艾内斯特·布吕克的指导下从事研究工作，并在 1881 年获得医学博士学位。1885 年，他前往巴黎，受教于当时非常著名的神经学家沙柯特。

弗洛伊德在求学时就看到过布罗伊尔医生用催眠法治疗癔病，这使他感觉到了身心关系的微妙变化。后来，弗洛伊德也开始尝试使用催眠疗法治疗神经病，但他逐渐发现催眠的疗效并不能持久。于是就改用了"自由联想法"，该理论和以后的"自我分析法"一并成为弗洛伊德一生的两大杰出成就。

1900 年，弗洛伊德的杰作《梦的解析》出版，他声称自己发现了三大真理：梦是无意识欲望和儿时欲望的伪装的满足；俄狄浦斯情结（仇父恋母的情绪）是人类普遍的心理情结；儿童具有性爱意识和动机。这些发现为精神分析学奠定了基础。但在当时，《梦的解析》并没有得到重视。直到 1905 年，他发表了《性欲理论三讲》，探讨儿童性心理的发展与精神变态机制的联系，他的学说才真正引起了世人的重视。但因为他的学说具有很强烈的反传统性，受到了众人的攻击，他也因此成为了德国科学界最不受欢迎的人。

弗洛伊德不为所动，在不到20年的时间里，写下了约80篇论文和9本著作，继续阐述、发挥和宣传他的精神分析理论。他的理论不仅是心理学必备的知识，在人文、艺术创作、日常知识等方面，也具有重要的启迪作用。

1931年，他的故乡为庆祝他75岁寿辰，以他的名字来命名他出生的那条街道。弗洛伊德毕生以极大的热情创立和发展精神分析学说，培养了一批学术继承者。如后来具有世界性影响的荣格、阿德勒等，使精神分析学说成为世界上有广泛影响的理论。

1938年，纳粹德国占领维也纳后，弗洛伊德移居英国。1939年9月23日，他因口腔癌复发在伦敦逝世，享年83岁。

追寻摩尔根的脚步

摩尔根，美国著名生理学家，1933 年获诺贝尔生理学或医学奖。

摩尔根于 1866 年出生在列克星敦，他父亲和母亲的家族曾是南方奴隶制时代的豪门贵族。虽然由于南北战争中南方的失败，家境已经败落，摩尔根父亲和母亲却都以昔日的荣耀为自己最大的自豪。他们希望小摩尔根能够重振家族的雄风。摩尔根家族诞生过外交官、律师、军人、议员和政府官员，却从来没有一个科学家，而摩尔根却是家族的特例，他用遗传学术语称自己是摩尔根家族中的"突变基因"。

摩尔根从小就对大自然中的一切都充满了好奇。他最喜欢到野外去捕蝴蝶、捉虫子、掏鸟窝和采集奇形怪状、色彩斑斓的石头。他经常趴在地上半天不起来，仔细观察昆虫如何进食、如何筑巢。有时他还会把捕捉到的虫、鸟带回家去解剖，了解它们身体内部的构造。

摩尔根在 10 岁的时候，父母把家中的两个房间给他专用。于是，他动手刷油漆、糊壁纸，按照自己的意愿把两个房间重新装饰一番，然后在里面摆满了自己亲手采集和制作的鸟、鸟蛋、蝴蝶、化石、矿石等各种标本。

小摩尔根酷爱读书，尤其是那些关于大自然、生物的书，他可以一整天泡在书房里。摩尔根从小就养成了不修边幅的习惯，他从不要求父母为自己添置新衣服，也不会因衣服破旧而感到难堪。有一次他赶赴瑞典接受诺贝尔奖时途经纽约，到老朋友韦弗博士的家中过了一夜。韦弗夫妇发现大名鼎鼎的现代遗传学之父，竟穿着一件很不像样的大衣，而且衣服的一个口袋里塞着用旧报纸包着的梳子、剃须刀和牙刷，另一个口袋里是同样用旧报纸包着的一双袜子。当韦弗夫

人面露惊讶之色时，已是 67 岁的摩尔根反倒不解了。他问道："还有什么需要带的吗？"

摩尔根对知识的热爱，使他在学习上倾注了极大的热情。他在 14 岁时考入肯塔基州理学院的预科学习，16 岁时顺利地转入了大学本科。在大学他选择了理科专业，学习数学、物理学、化学、天文学、博物学、农学和应用工程学等。在大学的四年课程中，他对博物学最感兴趣，这种爱好一直延续到他的老年。他日后从事胚胎学、遗传学的研究，可以说和他从小对博物学的爱好是分不开的。

追寻居里夫人的脚步

居里夫人，1867 年生于波兰，著名的物理学家、化学家，于 1903 年、1911 年两次获诺贝尔奖。

1921 年 5 月，远洋轮船"奥林匹克号"徐徐靠近了美国的海岸城市纽约，码头上身穿节日盛装、挥动着花束的欢迎人群，顿时沸腾起来，鼓乐齐鸣，美国、法国和波兰的国旗，冉冉升起。一幅幅巨大的欢迎标语，用三个国家的文字写着："欢迎您，人类的造福者。"从甲板上走下一位伟大的学者，她，就是举世闻名的物理学家、化学家居里夫人，镭的发现者之一。

镭，是一种放射性元素。镭的发现，轰动了全球，这场物理学的革命，给人类带来了幸福。可是，发现镭的居里夫妇，却没有获得任何物质利益。现在，为了取得一克镭来进行科学研究，居里夫人还不得不前来美国，接受美国人民的馈赠。天啊！镭的发现者，提炼出了纯净的镭，到头来，却被一克镭难倒了。前几年，居里夫妇付出了巨大的心血和劳动提炼出来的惟一的一克镭，早已捐献给镭学研究所，用于医疗事业了。居里夫人就是这样一位献身于科学事业，"而无暇关心自己的物质利益"的伟大的学者，伟大的人。

居里夫人——玛丽·斯可罗多夫斯卡，于 1867 年 10 月 7 日诞生在波兰华沙的一个知识分子的家庭。她在年轻的时候，远离家乡华沙去法国求学，并与法国科学家皮埃尔·居里举行了"一切从简"的婚礼。婚后，他们一起进了实验室，肩并肩地向科学这座神秘的宫殿走去。

1897 年，年轻的玛丽准备考取博士学位，她需要选择一个写博士论文的题目。她翻阅了科学院的材料，看到了年轻学者柏克勒尔公布的一份实验报告。其中提到，他在研究铀盐的时候，发现了一种射线，和伦琴射线（就是X 光）一样，能对感光胶片和验电器起作用，不同的是，这种新发现的射线是自发产生的，不需要任何外界刺激。于是，玛丽决定研究这些射线的性质和来源，以此作为自己博士论文的题目。

经过几周的研究，她作出了一个大胆的假设：有一种放射性很强的新的元素，隐藏在沥青铀矿石中。玛丽的这一重要假设，引起了皮埃尔极大的兴趣。他停止了自己的晶体研究工作，和玛丽一起投入了这场新的"战斗"中。

经过四年多的"孕育"，镭，这个难产的"小宝贝"，终于诞生到人间。这是他们科研的成果，也是他们爱情的结晶。

镭的发现，不仅引起了全世界科学家们的轰动，而且引起了商人们的兴趣，因为镭的价值要比金子高得多。但是，如何才能获得它，这个秘密只有居里夫妇才知道。

有一天，皮埃尔收到一封来自美国布法罗市的信函。写信的人建议居里夫妇申请生产镭的专利权，垄断发明成果。然而居里夫妇却没有这样做，他们认为科学应该属于全人类。他们毫无保留地向全世界公布了镭的秘密，包括生产镭的技术。不贪私利、不要虚荣、埋头事业、献身科学，这就是居里夫妇高尚的情操。

1905年11月，对于居里夫妇来说是幸福的一天。经过多年的奔波和挫折，居里夫妇终于得到了两间大厅作为他们的实验室。这样，他们可以全力以赴地投身于科学工作了。可是，正当他们感到无忧无虑、前途光明的时候，一个突如其来的灾祸从天而降：1906年4月19日，皮埃尔在大街上被一辆载货马车夺去了生命。

玛丽失去了伴侣，世界失去了一位天才的学者。政府提议给居里夫人一笔国家抚恤金，她断然拒绝了。她说："我还年轻，能赚出我和我儿女们的生活费。"只有一件事触动了她。皮埃尔的朋友们推荐她接替皮埃尔在巴黎大学的物理讲座，她简单地回答道："让我试试吧。"

皮埃尔去世以后的年代，是玛丽拼命工作的年代。

1908年，她获得克尔曼大金奖章；

1909年，她获得埃利约特·克瑞生金奖章；

1910年，她获得亚尔伯特奖章；

1911年，她获得诺贝尔化学奖金。

正当她在科学天地里大显身手的时候，第一次世界大战爆发了。她毅然关闭了视为生命的实验室，动员了20部私人汽车，组织了一个流动X光透视急救队。在当时，使用X光透视伤员身上的弹片这一方法在全世界还是首创。因此，玛丽每天忙得不可开交。战争使玛丽的科学研究计划成为泡影；战争，点燃了她那炽烈的爱国激情。

1918 年，大战的结束和波兰的独立，给玛丽带来了双重喜悦。自从波兰独立之后，玛丽心里就酝酿着一个伟大的计划：她要在华沙创立一个镭学研究院，作为科学研究和癌肿治疗的中心。这个计划一经披露，就立刻受到了祖国人民的热烈欢迎。不久，全国就发行了一种印着玛丽头像的特种邮票，邮票上印着这样的题词："为建筑玛丽·斯可罗多夫斯卡·居里镭研究院买一块砖！"于是，一个群众性的献砖的募捐活动，在全国范围内轰轰烈烈地展开了。

在一个晴朗的早晨，奠基仪式正式开始。共和国总统放下研究院的第一块基石，居里夫人放下第二块，华沙市长放下第三块……

1932 年 5 月 29 日，华沙镭研究院大楼落成，举行了开幕典礼。为了参加这一典礼，玛丽再一次回到波兰。这是她最后一次返回自己的祖国。那一天，玛丽激动得热泪盈眶。望着研究院漂亮的大楼，她思绪万千：多少年来，自己欠祖国的债终于偿还了。

她热爱她的祖国波兰，热爱为全人类造福的科学事业。一直到死，她都关心着她的祖国和科学事业的未来。

1934 年 7 月 4 日凌晨，玛丽与世长辞了。一双被镭烧蚀得粗糙的手，僵直地放在被单上，一动不动。她是一个最纯洁、最高尚的人。医生们宣布了对她死因的判断：夺去她生命的罪魁祸首，就是镭。她就像战士一样，牺牲在自己的岗位上，牺牲在为人类谋幸福的斗争中。

追寻莱特兄弟的脚步

　　威尔伯·莱特生于 1867 年，奥维尔·莱特生于 1871 年，两人是美国飞机发明家。1903 年莱特兄弟发明的世界上第一架飞机试飞成功。

　　威尔伯于 1867 年出生，而奥维尔是在四年之后才来到人世的。虽然相隔几年，但两兄弟却有着共同的兴趣和爱好。莱特兄弟的父亲是一个木匠，他经常买玩具送给他们，对两兄弟产生了深刻的影响。莱特兄弟因为受到经常搬家、转学的影响，所以对功课不太重视。两人喜欢飞行，经常讨论这一问题。两人只读了几年书就中途辍学了，起初开了家印刷社，后来出于对机械制造的兴趣，他们开了一家自行车行，这为他们以后从事飞机的发明工作积累了资金和技术经验。

　　有一年的圣诞节，他们的父亲莱特牧师送给了孩子们一个飞螺旋玩具。这个模样古怪的玩具有一个特点，就是上紧了橡皮筋后，可以飞上天空。这引起了莱特兄弟极大的兴趣，因为在他们以前的知识里，只知道鸟儿才可以飞上天空的。兄弟俩把这个玩具拆了又装，装了又拆，希望可以发现其中的

奥秘。他们产生一种愿望，想制造出一种能够高高飞上天空的机器，这种愿望一直影响了他们的一生。

　　莱特兄弟从飞鸟和风筝中找到了灵感。他们发现，海鸥的翅膀稍微有些弯曲，这种身体结构是他们能够翱翔于蓝天的关键。

　　1899 年 8 月，这两个年轻人着手制造出他们的第一架飞机：一架双翼风筝式飞机。这架飞机的一个特点是，利用机翼的扭曲或弯曲，保持横向稳定或侧向平衡。

　　莱特兄弟的第一架滑翔机也运用了机翼扭曲这一特点。这架滑翔机在 1900 年制成，

被运往北卡罗来纳海岸的基蒂霍克进行试验。兄弟俩用了一个星期的时间，把滑翔机装好。先把它系上绳索，然后由威尔伯坐上去进行试验，但只飞了一米多高。

第二年，兄弟俩经过多次改进，又制成了一架滑翔机，这次飞行的高度达到了 1.80 米。莱特兄弟开始考虑飞机的动力问题，他们想到了汽车的发动机。一名制造发动机的工程师专门为莱特兄弟造出一部 12 马力、重量只有 70 公斤的汽油发动机。经过无数次的试验，他们终于把发动机安装在滑翔机上，并在滑翔机上安装了螺旋桨。

带有螺旋桨的飞机再次给莱特兄弟带来了麻烦，可成功终究属于这一对不畏困难、坚持不懈的"飞人"兄弟。1903 年 12 月 14 日，莱特兄弟在基蒂霍克再次试飞改进后的带有螺旋桨和发动机的飞机。在准备工作就绪后，兄弟俩以抛硬币的方法，决定由威尔伯先飞。威尔伯飞了起来，但很快又掉了下去。兄弟俩经过研究，发现是起飞方面的原因。

1903 年 12 月 17 日，莱特兄弟再次试飞，驾驶员换成奥维尔。飞机起飞后，一下子升到 3 米多高，随即水平向前飞去。飞机飞行了 36.6 米，历时 12 秒，然后稳稳地着陆了。同一天，又飞了三次，其中一次飞了 260 米，持续了 59 秒。

这是人类历史上第一次驾驶飞机飞行成功。莱特兄弟把这个消息告诉报社，可报社不相信有这种事，拒不发布消息。莱特兄弟继续改进他们的飞机，不久，又制造出能乘坐两个人的飞机，并且在空中飞了一个多小时。

1908 年 9 月 10 日，莱特兄弟终于向世人展示了他们的空中飞行。奥维尔驾驶着他们的飞机，在一片欢呼声中，自由自在地飞向天空。

过后不久，莱特兄弟在政府的支持下，创办了一家飞行公司，同时开办了飞行学校。从此，飞机成了人们又一项先进的交通工具。

1912 年，威尔伯因病逝世，享年 45 岁。1948 年，奥维尔逝世，享年 77 岁。莱特兄弟孜孜不倦地从事飞行与研究，实现了人类的飞翔梦想，是现代航空科学的先驱。

追寻威尔逊的脚步

威尔逊生于 1869 年，是英国著名的物理学家，曾获 1927 年诺贝尔物理学奖。

威尔逊出生于苏格兰南部锡格伦科斯附近的一个小村里。他的父亲由于在牧羊业中进行的新实验而在苏格兰享有很高声誉。

威尔逊从小就顽皮好动，坐立不安，没有安静的时候。他的父母很不喜欢他，认为他做事没有恒心，将来必定是一个没有出息、游手好闲的人，并没有把他送入学校念书。一天，恰巧一位有学问的牧师路过他家。当他了解了威尔逊的表现后，便劝他的父母不必过于焦虑，他说："那些特别聪明的孩子，在小的时候，由于他的志向未定而往往显得出奇的顽皮。他一旦有了自己的兴趣和爱好以后，就不会像现在这样调皮了。"这一番劝告使得威尔逊的父母决定让儿子去求学深造。

最初，威尔逊曾就读于曼彻斯特的格林海斯学校。但是直到他 15 岁进入曼彻斯特的欧文斯学院时，才发觉自己真正有兴趣的是物理，于是他便决心成为一名物理学家。

1888 年他成为剑桥大学一名物理系的研究生。威尔逊在剑桥大学念书时，自愿参加了尼维斯山气象站的观测工作。从这时起，他就开始对早晨空中的彩云很感兴趣，并设想在实验室中，用人为的方法再现这种大自然的有趣现象。

在与气象学者的接触中，他了解到：空气凝结，每颗水滴都要有一个尘埃做核心。威尔逊通过大量的实验和思考，得出一个重要结论：即使完全没有尘埃颗粒，也可能使水滴凝结。接着，他又设想：通过 X 射线照射促进水滴凝结的过程。

1896 年，经过进一步的实验和考虑，威尔逊又得出一个十分重要的结论：带电的原子（离子）正是水滴凝结所需要的核心。这也成为他建造云雾室的重要理论基础。

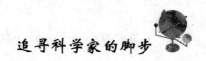

发明云雾室是威尔逊一生最重要的理论贡献。

他的云雾室是一个具有窗口的盒子，在它的下面有一个可动的活塞。把饱和水蒸气的空气从一边的窗口引进盒子，当活塞向下移动时，盒子里的空气马上就扩散冷却下来，使部分蒸气凝结而形成轻巧的云雾。就像天上云里的水汽碰上灰汗粒子或带电荷的空气分子时，容易冷凝成液体一样，这种现象也存在于云雾室的水蒸气中。

利用这个原理，人们只要把一束从外面电子源射出来的电子流引进盒子里的另一个窗口，这些电子进入云雾室后，就会将空气分子游离成离子。当湿气的小雾滴围绕在离子的四周时，它们即因电子的行进轨道而伸展成一条狭长的条纹，用肉眼可以看见。如果把这些薄薄的一层雾所形成的条纹拍摄下来，则电子行进空气的线路就能在照片上得以显示。

威尔逊发明的云雾室，被广泛地应用在辐射、X 线、宇宙线及其他原子科学的研究上，对许多重要的原子核、物理现象的研究起到了决定性的作用。他也因此而获得 1927 的诺贝尔物理学奖。

追寻卢瑟福的脚步

卢瑟福出生于 1871 年，是英国著名的物理学家，曾获 1908 年诺贝尔化学奖。

卢瑟福出生在新西兰偏远的泉林村的一所小木房里。因为家里人口很多，他从小就得参加繁重的体力劳动，除了帮助父亲在亚麻加工厂干活外，还有很多农活等着他。

小时候，卢瑟福在福克斯希尔村的一所小学里读书。由于他勤奋好学，各门功课都非常优秀。老师们认为他是一个很有发展前途的学生。卢瑟福对周围发生的一切都感兴趣，他最喜爱的两门功课是拉丁文和古典文学。到了十多岁时，他就对自然科学表现出浓厚的兴趣。

童年时代的卢瑟福曾发明一种可以发射"远射程炮弹"的玩具大炮，还巧妙地设想出增加"炮击"距离的方法，这显示出他非凡的创造才能。

还有一次，他拆开了一只怀表，大多数孩子都认为这只怀表已经报废，没有修理的价值，而卢瑟福却把它修得很好，且准确无误。他还自制了一架照相机，自己拍摄、自己冲洗，就这样，他成了小伙伴崇拜的对象。

1882 年，卢瑟福举家搬迁到佩洛鲁斯海峡边上的哈夫洛克村。他在这里的一所学校里继续读书，学习成绩优异。15 岁时获得了奖学金，被破格录取为纳尔逊学校的学生。该校的校长和校长助理均是英国剑桥大学毕业的。他们的英式治学方法使得卢瑟福受益匪浅，他后来在科学上的伟大贡献，与这两位老师的影响是分不开的。尤其是他们的校长助理利特尔·约翰，使卢瑟福真正懂得了科学工作的重大意义，为他确立献身科学的志向打下了牢固的基础。

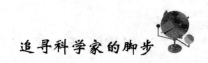

因为卢瑟福对学习有着一股锲而不舍的劲头，引起了教授自然科学的校长助理利特尔·约翰博士对他的特别注意和关心。他们经常在一起探讨他们感兴趣的科学问题。

对自然科学的兴趣常常使卢瑟福达到忘我的境界，因此被同学们谑称"书呆子"。即使在嘈杂喧闹的环境中，他也专心致志地读书。当他在聚精会神地演算一道数学题时，就是有人用书本敲他的脑袋，他也会觉得似乎与己无关。于是有些孩子常常欺侮他，趁他学习时揪他的耳朵，或者在他的衣服后面玩些恶作剧。结果，总是捉弄他的那些同学，反被他把手扭到背后，一个劲儿地告饶求情。

三年后，卢瑟福顺利地通过了奖学金考试，获得了进入新西兰大学坎特伯雷学院继续深造的机会。当他的母亲告诉他获奖被录取的消息时，卢瑟福正在菜园子里挖马铃薯。他听到母亲带来的消息后，用力甩掉手中的铁锹，吐了一口气，缓慢地说："这也许是我要挖的最后一个马铃薯吧！"

卢瑟福在坎特伯雷学院学习时，由于家境困难不得不利用课余时间出去打工，增加一些额外收入来补贴自己的学费。

他在坎特伯雷学院因勤奋而出名，后来他在入射学和原子物理学两方面作出了重大贡献，并在 1908 年获得诺贝尔化学奖。

追寻罗素的脚步

罗素生于 1872 年，是英国著名的哲学家、数学家、逻辑学家。

罗素于 1872 年诞生在英国蒙默里郡特雷莱克的一个贵族世家。他的祖父曾出任过英国的首相。他出生后不久，母亲和父亲先后去世，由祖父祖母抚养长大。

11 岁时，罗素开始从哥哥那里学习欧几里得几何学。当时他只能够接受定义，对公理的可靠性产生怀疑，这种怀疑决定了他后来的研究方向。他的科学知识是由叔叔零星教授给他的。他祖父收藏的大量图书，为他博览群书创造了条件。他还从外籍保姆和家庭教师那里学会了多种外国语言。少年的罗素总是以怀疑的眼光看待人类的一切知识。

罗素考入剑桥大学后，便从清教徒式的家庭束缚中解脱出来。因为大学思想极其活跃，他感到非常快乐。与同学们的自由交往，使他受益匪浅。剑桥大学在 1820 年有一个不公开的小团体专门吸收才智出众的学生，罗素入学第二年就加入了该团体。在这个团体里，他结识了很多后来闻名于世的同学。

每星期六晚上他们都会组织聚会，常常讨论到午夜，第二天又去乡间漫游、交谈。很快，罗素就成为他们中间颇受欢迎的成员。

在大学期间，罗素非常不满意老师的授课方式，认为当时的数学只重视技巧，不重视基础理论的证明。在第三学年时，他虽以优异的成绩通过了学位考试，却发誓再也不攻读数学了，他卖掉他所有的数学书籍，而改学哲学。

罗素对哲学有着浓厚的兴趣，他在同学的帮助下，成了一名黑格尔与布拉雷德派的忠实信徒，他立志要像黑格尔那样，建立一套哲学体系，献身于哲学事业。

1893 年罗素的第一篇哲学论文《论几何学基础》使他得到了剑桥大学研究员的资格，这使他可以在六年内专搞研究。这篇论文于 1897 年修订出版，成为罗素第一部哲学著作。

1900 年 7 月，罗素在巴黎举行的国际哲学家大会上，见到意大利数学家怀特海，两人决定合作写一部《数学原理》。两人只用了不到三个月的时间，就写出了底稿。1901年5月，罗素由于一个偶然的发现，把注意力转向"悖论"的研究，直到1906年才继续《数学原理》的写作。

他每天工作10到12个小时，手稿越积越多，他常常担心会因此导致房屋失火。为了安全起见，他雇了一辆四轮马车，将手稿运到出版社去。但是这部著作符号繁多，晦涩难懂，出版商考虑到销路不大，排版又困难，预计得赔600英镑，要求作者预付损失费。

几经磋商，各方达成协议：剑桥大学付300英镑，皇家学会付200英镑，余下的100英镑由作者承担。这样一来，罗素与怀特海多年辛辛苦苦的成果，每人倒贴了50英镑才分别于1910年、1911年、1912年出版。三大卷的《数学原理》确立了罗素在学术界的声誉和地位。

追寻马可尼的脚步

马可尼生于 1874 年，是意大利物理学家，发明了无线电，被誉为"无线电之王"。

意大利物理学家马可尼出生于波罗尼亚的一个牧场主家庭，父亲是一个牧场主，母亲是英国爱尔兰贵族的后代。马可尼从小天资聪颖，勤奋好学，非常喜欢阅读物理学方'面的书籍资料。

在上大学时，马可尼以其聪明好学、勤奋刻苦的求学态度，深得物理学教授奥方斯特·里奇的赏识。当时里奇正在进行电磁波实验，受他的影响，马可尼开始自己动手作电磁波实验，对电磁波的研究产生了浓厚的兴趣。大学时的马可尼给自己立下了一个宏伟的志愿：一定要用电磁波来传递音讯。从此，他每天与艰辛的电磁波实验为伴。

马可尼在父亲庄园的一座小楼上建立了自己的实验室。他经历了无数次的实验失败，父亲因此曾批评他是个"不切实际的空想家"，认为这种无谓的实验只是浪费时间而已，但马可尼并没有因为父亲的批评而气馁，他坚信自己一定会取得成功！

1894 年的一天，马可尼在楼上放了一个小长桌作为实验台，上面摆了一台简陋的收报装置。他在楼上一按电钮，就从楼下的客厅里传来一阵铃声，而楼上和楼下并没有导线相连。这就是他第一次实验的无线电信号传送，这一年他只有 20 岁。第二年秋天，马可尼把电磁波信号传到了 2.7 公里远的地方，这当然更坚定了他继续研究的信心。由于科研经费不足，无法进行实验研究，马可尼曾给意大利邮电部写信，请求资助，但未能如愿。为了使无线电具有实用价值，能够为人类服务，马可尼只得告别了自己的故乡，带着他发明的发射机和接收机来到当时世界科技发展的中心——英国。

1896年6月2日，马可尼将自己的专利品以25万美元卖给了英国政府，并获得了英国邮电总局的总工程师普利斯博士的大力支持和帮助，马可尼在英国进行了多次无线电收发表演，并获得成功。

1897年，他在伦敦成立了马可尼电报公司。第二年7月，马可尼的无线电装置正式投入商业使用，第一次用无线电为爱尔兰首都柏林《每日快报》报道了有关金斯汤赛船的情况。

马可尼无线电的成功发明，使海上航行安全得到了保障。1899年3月3日，东凯旋号船被另一条船撞破，正在危难之时，许多地方都收到了呼救信号，很多船迅速赶往事发地点去进行营救。

在1901年12月，27岁的马可尼首次完成了横渡大西洋的无线电通信：美国能收到英国拍发的电讯！这一消息震惊了全世界，各地的报纸纷纷以大字标题刊出，尤其科学界更为之兴奋。马可尼创造了一个新的时代，无线电的发明可以将任何地点的消息随时传递到全世界去。

马可尼发明无线电后，不仅受到了赞誉和掌声，而且也受到许多严厉的反对和攻击。有人写信给马可尼，野蛮地警告他不应该发明无线电，因为无线电波会经过他们的身体，破坏他们的神经。有一个法国人写信给马可尼，声称为了保障人类的安全，他决意要刺死他，并说他已由法国起程来英国。马可尼连忙将这封信交给苏格兰警察局，幸亏由于英国政府防护得早，拒绝此怪客上岸，马可尼才避免遭到伤害。

马可尼发明的无线电不久便在全球范围内得到广泛应用，许多国家的海岸、要塞都建立了马可尼式的无线电台，大多数的轮船也纷纷采用了他的无线电装置。而且，马可尼无线电的发明直接导致了广播事业的诞生：英国于1920年诞生了世界上第一个广播电台，接着美国和其他许多国家的无线电广播事业，也都迅速发展了起来。

马可尼去世后，为了纪念他的伟大贡献，国际海上无线电协会代表50多个国家，一致通过把4月25日马可尼的生日这一天，定为"世界海上无线电服务的马可尼日"。

追寻赫兹的脚步

　　未经科学实验证明的电磁理论，始终处于"预想"阶段。赫兹站在这个科学的转折点，把伟大的预言变成了世人皆知的真理，这一发现推动了物理学的发展，为大规模应用电磁波铺平了道路。

　　赫兹1857年2月22日生于德国汉堡。他从小思维就活跃，对数学和物理就产生了浓厚的兴趣。19岁进入德累斯顿工学院学工程，但还是禁不住自然科学的诱惑，第二年转入柏林大学，改读物理学。1885年任卡尔鲁厄大学物理学教授。四年后，接替克劳修斯担任波恩大学物理学教授。

　　从小就喜欢电磁学的赫兹，后来在恩师赫尔姆霍兹的指引下，对麦克斯韦的电磁理论和韦伯电力与磁力瞬时传送的理论深深吸引，并沉迷其中。在精心研读之后，他开始问自己：麦克斯韦预言的电磁波到底存不存在呢？赫兹决定从实验中寻找答案。

　　在恩师的指导和帮助下，实验必需的设备——振荡器很快制成了。但接下来的实验却屡次失败，这让他陷入了困境。疲惫不堪的赫兹坐在桌旁，他

早已忘记了这是第几次失败。但他没有灰心，坚持做实验。当把所有能想到的情况都试验出结果的时候，他几乎走到了崩溃的边缘。

　　1888年，他停止试验，开始冥思苦想，在先前努力的基础上新的思路终于出现了。他依照麦克斯韦电扰动能辐射电磁波的理论，设计了一套电磁波发生器，它将以感应线圈的两端接于产生器的二铜棒上，当感应线圈的电流突然中断时，感应高电压使电火花隙之间产生火花，瞬间电荷便经由电火花隙在锌板

间振荡。他通过调谐电磁辐射源的内部要素，加大每秒钟振荡的次数进行试验，终于发现了电磁波的存在，并且测出电磁波传播的速度等于光速。这和麦克斯韦预言的结果是一样的，此后他又进一步完善了麦克斯韦方程组，使其更优美、对称，得出了麦克斯韦方程组的现代形式，麦克斯韦因赫兹的发现而获得了无上的光彩。

1888 年年初，赫兹把他的试验结果公布于众，立刻引起了整个科学界的注意，影响之大完全超乎了自己的预料。在发现电磁波不到 6 年，用电磁波技术的发明创造如雨后春笋般相继问世，如无线电报、无线电导航、无线电话以及遥控、遥感、卫星通讯等等，使整个世界面貌发生了翻天覆地的变化。

电磁波的发现为赫兹带来了空前的声誉，开创了无线电电子技术的新纪元。但他并未因此满足而驻足不前，而是继续奋斗在试验室，研究了紫外光对火花放电的影响，发现了在光的照射下物体会释放出电子的光电效应。他的这些发现，为后来爱因斯坦发现光量子理论奠定了基础。

赫兹不仅在电磁学方面作出了突出贡献，他还涉足了气象、材料硬度等领域的研究，也取得了可喜的成绩。正当人们对他寄以更大期望时，他却带着年仅 36 岁的生命悄然离去了。为了纪念他的功绩，人们用他的名字来命名各种波动频率的单位，简称"赫"。

追寻普朗克的脚步

　　普朗克经历了两次世界大战，在战争中，他失去了一切，包括亲人和他一生的研究成果——最珍爱的手稿。遭受这样的打击，对一般人来说是难以承受的，更不要说对一位年过半百的老人。在如此艰难的条件下，普朗克仍以忘我的工作精神抑制了内心的悲痛，为科学做出了一个又一个重要的贡献。

　　1858 年 4 月 23 日普朗克出生于德国基尔，少年时随父迁居慕尼黑。中学时代，普朗克在老师缪勒的影响下对物理学产生了浓厚的兴趣。上大学以后，他渐渐将他在物理学上的兴趣锁定在纯理论的领域。1879 年获得慕尼黑大学哲学博士学位后留校任教。基尔霍夫逝世后，柏林大学任命他为继任人。他因在黑体辐射研究中引入能量子而荣获 1918 年诺贝尔物理学奖。

　　普朗克之所以能走上科研的道路，在很大程度上要归功于中学时的老师缪勒，因为老师给他讲了一个有趣的有关能量守恒定律的故事，"一个建筑工匠花了很大的力气把砖搬到屋顶上，工匠做的功并没有消失，而是变成能量贮存下来了；一旦砖块因为风化松动掉下来，砸在别人头上或者东西上面，能量又会被释放出来。"这个故事给年少的普朗克留下了终生难忘的印象，使他的爱好从音乐转向了自然科学。可见儿时的一些小事情有时会影响人的一生。

　　大学期间，普朗克十分崇拜赫姆霍茨和基尔霍夫。为了一睹大师们的风采，他在最后一年转到了柏林大学。但两位大师的讲课风格不尽如人意，他只好用自学来满足自己的求知欲望。此外，他还自修了克劳修斯的《热力学》，并且开始研究热辐射问题。

　　1900 年 10 月 19 日，他在德国物理学会的一次会议上提出了著名的"普朗克公式"。这个公式虽然没有引起大的影响，但他已是奏响两个月后"量子假说"序曲。

　　在这个假说中，普朗克打破传统观念，提出辐射过程不是连续的，就像出售的糖块一样以最小份量一小"包"一小"包"地放射或吸收，他把这个最小的能量单位称为"能量子"。这个假说提出的那一刻，量子物理学就此诞生了，普朗克被尊称为"量子论的奠基人"。

成名之后的普朗克受到众人的尊崇，不但被选为英国皇家学会会员，还当选为苏联科学院外籍院士。在回答众人提出他成功的秘密武器时，他的回答很简单："你必须要有信仰"。他所说的信仰是超越宗教之上的科学，是对研究事业执著的爱和对寻求科学真理坚定不移的精神。在他以后的人生和科学研究中，这个信仰支撑着他走过了89年的人生历程从未动摇过。

人生之路不会像水面一样平坦，但他接下来的遭遇实在是过于悲惨。妻子离世，儿子战死，两个女儿先后难产而亡，1944年，他仅存世间的长子被希特勒处死。就是在这样的遭遇下，他用献身科学的信仰压制着内心的悲痛，忘我地工作。

普朗克一生发表了215篇研究论文和7部著作，内容涉及热力学、动力学等许多领域，这些都是人类历史上宝贵的财富。但他最大的成就还是提出了"量子假说"，打破了经典物理学的框架，从而开辟了一个物理学研究的新纪元。1947年10月3日，普朗克在哥廷根病逝，终年89岁。德国政府为了纪念这位伟大的物理学家，将威廉皇家研究所改名为普朗克研究所。

追寻希尔伯特的脚步

　　鼻梁上架着的一幅圆形眼镜，深邃的眼神中闪烁着智慧的光芒，这就是希尔伯特。在他的心目中，数学的探索与追求胜过一切。

　　希尔伯特于1862年1月23日生在德国的哥尼斯堡（现俄国加里宁格勒）。他很小的时候就对数学产生了浓厚的兴趣，并下决心做一个数学家，但父亲却希望他成为一个律师。1880年，他不顾父亲的反对进入哥尼斯堡大学攻读数学。四年后他获得博士学位，并留校任教。1895年，转入哥廷根大学任教授，并在此定居。

　　科学在每个时代都有它自己特殊的问题，解决这些问题对于科学发展具有深远意义。希尔伯特在研究数学问题之余不忘思考数学的发展方向。在1900年，希尔伯特发表了题为《数学问题》著名讲演。在演讲中他在前人研究成果的基础上分析数学的发展趋势，提出了23个数学问题，这就是著名的希尔伯特问题。

　　这些问题的提出后，世界各地的数学家们云集在这些问题的周围展开研究，使数学研究出现了前所未有的繁荣。

　　20世纪的哥廷根大学是当时世界数学研究的重要中心，希尔伯特研究生涯的大部分时间都是在这里度过的。在这里，他集中精力逐类研究不变式理论、代数教域理论、几何基础、积分方程等问题，并做出了开创性的贡献。但他还是不满足于这些成就，为了克服悖论所引起的危机，他试图对形式语言系统的无矛盾性给于绝对的证明，以消除对数学基础和数学推理方法可靠性的怀疑，但这个美好的愿望他自己没有能够实现。

　　1930年，奥地利数理逻辑学家哥德尔证明了希尔伯特方案是不可能实现的，这使他的伟大蓝图变成了泡影，但这一方案在数学思想上的地位是不可磨灭的，正如哥德尔所说："仍不失其重要性，并继续引起人们的高度兴趣。"

　　稳定的生活为希尔伯特的研究提供了优越的条件，数十年的辛苦研究使他获得了无数的荣誉。但他的性格仍没有一丝的改变，还是那样的正直。第一次世界大战前夕，他面对众人严词拒绝在德国政府发表的《告文明世界书》上签字。战火燃起，他依然公开悼念"敌人的数学家"达布。有人说他不识时务，但他从来不放在心上，依然是我行我素。终究惹来了麻烦，由于他公然反对希特勒迫害犹太科学家的政策而被迫移居他国。1943年，他在孤独中溘然逝世。

希尔伯特是20世纪最伟人的数学家之一，他所提出的问题和设想的方案是数学史上宝贵的财富，为后人研究提供了宝贵的经验。在数学领域，他所创立的希尔伯特空间，使欧几里得空间不再局限于有限维的情形，为泛函数分析、公式化数学和量子力学的产生和发展奠定了基础。

追寻施佩曼的脚步

　　胚胎究竟是怎样发育的，这是生物学中最令人难以回答的问题之一。在19 世纪后期，胚胎双侧对称是由受精卵分裂为二的动作所决定的看法广为流传，但这也只不过是一种推测，并没有科学的证据。

　　20 世纪初，德国生物学家施佩曼通过大量的实验表明，一个胚胎开始表现出分化的确凿征象以后，它仍然可以分成两半，并且能各自形成一个完整的胚胎（不是一个完整的生命）。这一观点为科学解释胚胎的发育问题指明了方向。

　　施佩曼是德国实验胚胎学家，1869年 6 月 27 日生于斯图加特，父亲是一个出版商。中学毕业从事一段出版工作后，进入慕尼黑大学攻读医学，之后在维尔茨堡大学攻读动物学、植物学和物理学。在这里，施佩曼接受了 T·H·博韦里的建议，从研究猪蛔虫的胚胎发育步入胚胎学研究，并以此获得博士学位，为其以后形态学研究打下了坚实的基础。

　　施佩曼毕生从事两栖动物的胚胎学研究，他著名的实验——蝾螈卵结扎实验。通过他设计的精细的实验方案，显示了胚胎在早期发育过程中卵细胞不分化的现象。并且首次接触到精确控制胚胎某一部分地发育方向问题，使控制胚胎发育和改良动物品种成为可能。这一学说的发现，使施佩曼荣获了 1935 年的诺贝尔生理学和医学奖。

　　此外，施佩曼进一步提出，在发育过程中，一定存在一种能够诱导以后反应的"组织者"。施佩曼利用他首创的胚胎移植方法，把青蛙的胚胎组织移植到蝾螈胚胎，但仍产生出青蛙的器官，反之，把蝾螈的胚胎组织移植到青蛙宿主，仍产生出蝾螈的器官。这表明被诱导组织所产生出的器官的种属特性，取决于它自己内在的（遗传的）组成。这使人们对于诱导和反应有了更全面的认识。

施佩曼的工作受到很多同行的赞赏。在当时，他的威望在生物界首屈一指，英国剑桥大学、美国哈佛大学等世界著名大学都授予了他名誉博士学位，还有 20 多个国家的科学院聘他为外籍院士。但到了 30 年代后期，他的组织者理论对研究者逐渐失去了吸引力。一些胚胎学家开始向当时新兴的学科——遗传学靠拢，以谋求两者的结合点。

1941 年，已经 93 岁的汉斯·施佩曼对残酷的法西斯统治保持着清醒的认识，在法西斯的威逼利诱下，仍不为所动，更不为所用。同年 9 月 12 日，这位著名的动物学家和胚胎学家被希特勒迫害致死。

追寻哥白尼的脚步

16 世纪以前，人们普遍接受托勒密的"地心说"，认为地球是静止不动的，其他的星体都围着地球这一宇宙中心作匀速圆周运动。"地心说"很好地迎合了《圣经》中关于天堂、人间和地狱的说法，这与《圣经》宣扬的"神创论"不谋而合。因而教会借题发挥，赋予它神圣的光环，从而使"地心说"就演变成了不可撼动的"神圣经典"。16 世纪初，波兰天文学家哥白尼出现了，他用太阳置换了地球在托勒密学说的地位。这无疑是刺穿"地心说"和教会权威的一把利剑，为现代天文学的到来打开了一扇天窗。

1473 年 2 月 19 日，哥白尼出生于波兰维斯杜拉河畔的托伦市的一个富裕家庭。虽然他是四个孩子中最小的一个，但父亲的去世，家庭的变故，使哥白尼从小没有受到更多的关爱和呵护。好在做主教的舅舅卢卡斯心眼好，哥白尼才算有了一个完整的童年，且获得了学习知识的机会。

在舅舅的资助下，哥白尼 18 岁时进入克拉科夫大学学习医学。在学校，他受到人文主义者、数学教授布鲁楚斯基的熏陶，对天文学产生了浓厚的兴趣。1496 年，哥白尼来到文艺复兴的策源地意大利。在这里，他遇见了对自己一生产生深远影响的天文学家福雷朗西斯。在他的谆谆教诲下，哥白尼对天文学由兴趣爱好转向了观测和研究，并抱定献身天文研究的志愿。

受舅父的推荐，哥白尼于 1497 年被选为弗龙堡大教堂僧正。四年后，他从意大利回国，正式宣誓加入神父团体，旋即请假再次去意大利，在帕多瓦大学学习法律与医学。1503 年，哥白尼在费拉拉大学获得教会法博士学位。

一次偶然机会，哥白尼看到了古希腊人阿利斯塔克关于地球绕太阳转动的学说。是真的还是假的？这在他心里打下了一个大大的问号。为了弄清楚这个学说的真伪，他开始系统分析托勒密体系中的行星运动。结果他惊奇的发现每个行星都有三种共同的周期运动，即：一日一周、一年一周和相当于岁差的周期运动。哥白尼把这三种共同的周期运动放到地球上研究，从而消除了不必要的复杂性。在此基础上，哥白尼的思想中产生了一个新的宇宙体系，即太阳居于宇宙的中心静止不动，包括地球在内的行星都绕太阳转动的日心体系。

1506年，哥白尼从意大利回到波兰。舅舅去世后，作为僧正的哥白尼在弗龙堡定居，并在护卫大教堂的城墙上选了一座箭楼做宿舍。他把城墙上的平台作天文台，以用来进行天文观测，这个地方后来被称为"哥白尼塔"。自17世纪以来，人们把它作为天文学的圣地保存下来。在这里，哥白尼写成了"太阳中心学说"的提纲，并存1516年写成了著名的《天体运行论》。

《天体运行论》一书详细系统地介绍了"日心说"，把统率整个宇宙的支配力量赋予了太阳，彻底明确地，并且从物理学的角度对日心地动说可能遭到的责难给予了答复，从而彻底批判了托勒密的"地心说"。但迫于教会的压力，哥白尼迟迟不敢出版这本书。直到1541年，他才下定最后决心，冲破一切阻力将他的著作付印。1543年5月24日，当这部巨著印好并送到久病的哥白尼床前时，他用无力的手痉挛地抓住书本，一小时后便与世长辞了。

《天体运行论》出版之后受到教会的强烈谴责，教皇并下令将他的著作列入禁书。但这部书所产生的影响是禁止不住的。在接下的半个多世纪中，经过伽利略、布鲁诺、开普勒等人的继承、传播和发展，哥白尼的"日心说"引起的科学革命迅速席卷了整个欧洲。在这种强大历史潮流下，教会残酷黑暗的思想禁锢，已变得力不从心。1816年，被禁止了3个世纪的"日心说"终于得到教会的承认，取得最终的胜利。

哥白尼的伟大成就，不仅改变了那个时代人类对宇宙的认识，而且根本动摇了欧洲中世纪宗教神学的理论基础，更重要的是，它铺平了通向近代天文学的道路，开创了整个自然科学向前迈进的新时代。正如恩格斯评价说："从此自然科学便开始从神学中解放出来，获得了新生，并开始大踏步前进。"

追寻维萨里的脚步

作为近代人体解剖学创始人的维萨里是科学革命时期两大代表人物之一，与哥白尼齐名。

1514 年 12 月 31 日，安德烈·维萨里生于比利时布鲁塞尔的一个医学世家，曾祖、祖父、父亲都是宫廷御医。他从小受家庭环境的耳濡目染，阅读了很多有关医学方面的著作，并立志要做一名伟大的医生。

青年时期的维萨里曾求学于蒙彼利埃和巴黎大学，精通古罗马医学家盖仑的著作。当时巴黎大学的解剖课是操纵在不懂医学的庸人手里的，他对如此的教学方法和这些人随随便便、乱割乱砍的解剖术非常不满，于是他经常外出寻觅尸体。因而，郊外无主坟地的残骨，绞刑架下罪犯的遗尸都成了他搜寻的目标。就这样，他不顾严寒酷暑和腐烂尸体的恶臭，冒着把被抓、被杀的危险，只是为了寻求真理。

对于所搜寻到的每一块骨头，他都如获至宝。精心包好带回学校后，又在微弱的烛光下偷偷地彻夜观察研究，直到弄明白为止。

维萨里在解剖学上的治学方法触犯了旧的传统观念、冲击了校方的陈规戒律而被开除学籍。后来，他在威尼斯共和国帕都瓦大学任教，并于 1537 年 12 月 6 日获得博士学位。

功夫不负有心人，根据他所积累的丰富经验，历经五年，维萨里于 1543 年发表了划时代的巨著《人体的结构》。在这部书中，他首次正确地描述了静脉和人类心脏的解剖，改正了盖仑关于肝、胆管、子宫和颌骨等解剖上的错误二百余处，给予了人们一个全新的人体解剖知识。从此后，解剖学才得以更加深入的发展，近代医学也在这个基础

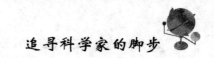

上逐步形成。

维萨里这本书的发表引起了当时的解剖学家和医生们的震惊，同时也引起了教会和以盖仑的后继者们为代表的守旧派攻击。

在教会的迫害下，维萨里在《人体的结构》一书出版的第二年，愤然离开帕都瓦前往西班牙，并担任了国王查理第五的御医，从此中断了对解剖学的研究。

但维萨里依然没能躲过教会的魔爪。1644 年，宗教裁判所以他用活人做解剖为由，判处他死刑。原因是他为一名西班牙贵族做尸体解剖剖开尸体胸膛时，监视官认定"死者"的心脏还在跳动，也就是说"死者"还没有真正的死去。维萨里百口难辩，幸因国王庇护，才免于死罪，改判往耶路撒冷朝圣。在返回途中，因航船遇险，不幸身亡，终年 50 岁。

追寻韦达的脚步

　　韦达是法国 16 世纪最具有影响的数学家之一，1540 年出生在法国的普瓦图。年轻时他做过律师，当过议会的议员，还在西班牙的战争中为政府破译过敌军的密码。

　　《应用于三角形的数学定律》是韦达最早的数学专著之一，也是西欧第一部系统论述 6 种三角形函数解平面和球面三角形方法的著作之一。

　　在三角学的研究中，他还专门写了一篇讨论有关正弦、余弦、正切的一般公式的论文"截角术"。在这篇论文中，他首次把代数变换应用到三角学中。这就是现代数学上的三角函数。三角函数的出现是几何问题在代数上找到了表达的方式，这在数学史上具有划时代的意义。这些成绩中不论哪一项都可以使韦达在数学史上留下光辉的一页。但他最重要的贡献是系统地引入代数符号，极大地推进了代数学的发展。

　　在韦达生活的年代，现存的数学符号和研究方法已不能满足进一步深入研究的需要，数学的研究陷入了困境，迫切需要新鲜血液注入。为了方便自己的研究和计算，他创设了大量的代数符号，大多用字母来代替未知数。在此研究的基础上进行已知数、未知数及其乘幂的量运算，并系统阐述和改良了三、四次方程的解法，带来了代数学理论研究的重大进步。因他在数学符号方面的突出成就而被称为现代"代数符号之父"。

　　我们通常所说的一元二次方程根与系数的关系，即韦达定理就是在他讨论方程根的各种有理变换时发现的，这个定理的发现为方程计算找到了一个最便捷、最准确的方法。

　　1603 年 12 月 13 日韦达在巴黎逝世，但他创立的数学符号和发现的韦达定理永远留在了世间。

追寻开普勒的脚步

对人类来说宇宙是无穷的，是神秘的，虽然现代的科技如此发达，但了解到的宇宙奥秘还是微乎其微的，就像爱因斯坦所言："只有两种东西是无限的，那就是宇宙和人类的愚蠢，而对前者我还不能确定。"

宇宙是否无限，我们至今不得而知，但天体运动其实也遵循某种规律，它们的发现可说石破天惊，从此激起人类探索宇宙的热情。最早发现天体运行规律的就是德国天文学家开普勒，他也因此博得"天空立法者"的美誉。

1571 年，开普勒出生在德国的威尔德斯达特镇。12 岁时，对神学没有任何兴趣的开普勒被送到修道院学习。17 岁时进入杜宾根大学。在杜宾根大学学习期间，受天文学教授麦斯特林的影响，接受了哥白尼的日心说，并像伽利略一样，成为这一学说的热烈拥护者。

开普勒的一生充满了不幸，他幼年体弱多病，有一只半残的手，视力也很衰弱；中年时，他的妻子死了，儿子也染上重病，这一切遭遇使他终身贫困交加，不得不靠教书及占星算命维持生活，但是顽强的开普勒并没有被惨痛的命运压倒，他以惊人的毅力为人类做出了巨大的贡献。

开普勒很早就注意到距离太阳近的行星走得快，而距离较远的行星走得慢些，由此，他想到行星的运行与太阳的距离有某种关系。凭着丰富的想象力和过人的数学才能，开普勒尝试着解释这些现象，并写了一本书——《神秘的宇宙》。当开普勒把这本书寄给丹麦天文学家第谷·布拉赫后，尽管第谷对开普勒的解释不赞同，但他还是一眼就看出开普勒是一个很有前途的天文学家，于是邀他前来自己所在的布拉格天文台工作。

开普勒与第谷一见如故，大有相见恨晚之感。但遗憾的是第二年第谷就去世了。不久圣罗马皇帝鲁道夫就委任开普勒为皇家数学家，成为第谷事业的继承人。

视力不是很好的开普勒，在观测的时候遇到了很多的困难，但还是在1604年9月30日发现了在蛇夫座附近出现一颗新星。这颗新星后来被称为"开普勒新星"。3年后，他还发现了闻名世界的哈雷彗星。

开普勒是一个善于分析材料的人，他一生的工作，大部分时间都是在分析第谷遗留下来的观测资料。他在研究火星公转的时候发现，各种计算方法算出来的结果都与第谷的观测资料不相吻合。经过仔细分析，他提出一个大胆的设想：火星可能不是人们认为的匀速圆周运动，而是椭圆形的，太阳处于椭圆形中的一个焦点位置。这就是后来的行星运动第一定律。

发现了火星的运行轨道是椭圆后，他又把目光转移到了火星的运行速度上。起初，开普勒认为火星运行以相同的速率运行，可不久发现了一个问题：计算结果得出的火星位置与老师第谷观察的数据有8分弧度的差距。8分的弧度相当于火星0.02秒瞬间转过的角度。开普勒没有放过这一微小的出入，经过反复核算，8分弧度的差距依然存在。开普勒深信，老师第谷是一位对工作一丝不苟的人，他的观察数据应该经得起考验，如果与实际有出入，在反复的比较中，老师不可能没发现。由此，他想到在不同点的速率可能不同，最终得出开普勒第二定律：行星与太阳的边线在相等时间里扫过的面积相等。

1612年，罗马皇帝鲁道夫二世被迫退位，开普勒也失去了保护人，因此他不得不离开布拉格，前往奥地利林茨。但这并没有影响他对行星运动的研究，他乘胜追击，此后不久便发现了行星运动的第三条定律："行星公转周期的平方正比于轨道半长轴的立方。"并于1619年发表在《宇宙和谐论》中。

行星运动三大定律的发现是人类第一次为天体运动立法，标志着人类对天文的研究迈出了历史性突破，它的发现不仅为经典天文学奠定了基石，也为数十年后牛顿万有引力定律的发现打下了基础。

除天文学外，开普勒对光学也作了长期的研究，并取得了丰硕的成果，1604年发表《对威蒂略的补充——天文光学说明》以及1611年出版《光学》等都是此领域的经典之作。在光学的研究中，开普勒发现阳光穿过大气的时

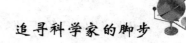

候也会发生折射，总结出了近似折射定律的折射规律，并且正确地解释月全食时月亮出现红色现象的原因——由于一部分太阳光被地球大气折射后投射到月亮上形成的。此外，开普勒还把伽利略望远镜中的凹透镜目镜改换成小凸透镜，从而大大改进了望远镜的观测效果。

1630 年，开普勒在巴伐利亚州雷根斯堡市去世。在数十年的战争中，他的坟墓早已被毁弃。但是他"行星运动定律"是一座比任何石碑都更为久仡长存的纪念碑。

追寻泰勒斯的脚步

泰勒斯是西方思想史上第一个有名字留下来的哲学家。大约公元前 624 年，他降生在希腊古殖民城邦米利都（Miletus，今属土耳其）的一个奴隶主贵族家庭。由于家族地位的优越，他从小就受到了良好的启蒙教育。

早年泰勒斯曾作为一个商人，游历过很多东方国家，积累了广博的知识。在古巴比伦，他学会了观测日食月食和测算海上船只距离；在埃及，他了解了土地丈量的方法和规则等；但对他影响最为深远的是在美索不达米亚平原，在这里学习了数学和天文学知识，从此奠定了他向数学和天文学进军的知识基础。

寻求证明是古希腊人原本就有的求索精神，而泰勒斯则把这种精神和思想移植到了几何的研究上。他首先把埃及的地面几何演变成平面几何学，这样一来就把形象的地面图形演变成了有很强逻辑性的理论，使之具有普遍意义。这对几何学的发展起到至关重要的作用，因此他当之无愧地成为古希腊几何学的先驱。

在数学上引入命题证明的思想，是泰勒斯最大的成就。他把各种定理之间的内在联系通过逻辑证明体现了出来，使数学构成一个严密的体系，为还处于混沌愚昧状态的人们做出了巨大的贡献，并为数学的下一步发展奠定了基础。这种思想的引入标志着人们对客观事物从经验的认识上升到了理论上的思考，这在数学史上是一次非比寻常的跨跃。

泰勒斯不仅是众多基本定理的发现者（如："直径平分圆周"、"等腰三角形底角相等"等），还是将数学知识运用到生活当中的实践者。相传他在晴朗的天气里来到了金字塔前，根据相似三角形对应边成比例的数学原理，测算出了金字塔的高度。这种测量就是历史上著名的"泰勒斯测量法"，曾在埃及得到了广泛的运用。

泰勒斯对天文学的痴迷和造诣完全不亚于数学。据说有一天晚上，泰勒斯走在旷野之们，沉浸在满天星斗之中，竟忘了自己还在走路。结果掉进一

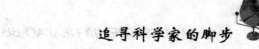

个坑里，差点摔死。当别人把他救出来时，他的第一句话却是告诉那人明天会下雨！这位只顾观看天空却不看脚下的天文学家还对太阳的直径进行了计算，并且成功预测了公元前 585 年 5 月 28 日的日全食，从而巧妙地结束了一场持续五年之久的战争。

晚年泰勒斯的研究转向了哲学领域，并成为古希腊最早的哲学学派——爱奥尼亚学派的创始人。他认为世界本原是水，"水是最好的"、"水生万物，万物复归于水"。有这样的心得来源于他早年向埃及人学习观察洪水的体会。在尼罗河每年涨退的记录和自己的观察中，他发现每次洪水退后，在留下肥沃的淤泥中蕴藏着无数微小的胚芽和幼虫。他把这一现象与神造宇宙的神话结合起来，得出了万物由水生成的哲学思想。

大约在公元前 546 年，古希腊智慧的第一个人泰勒斯去世了。他死后，人们在其墓碑上所镌刻的颂词充分显示了对他的敬仰："他是一位圣贤，又是一位天文学家，在日月星辰的王国里，他顶天立地、万古流芳。"被尊为"希腊七贤之首"、"科学之祖"的泰勒斯，一生的研究几乎涉猎了当时人类的全部思想和活动领域，有这样的颂词也是当之无愧的。

追寻欧几里得的脚步

很难想象：我们现在学习的普通几何学体系，是由古希腊数学家欧几里得在公元前300年创立的。从那时到现在，在2000多年的漫长历史长河里，他编写的《几何原本》一直都被看作是学习几何的标准课本。

欧几里得大约公元前330年出生于希腊麦加拉，卒于公元前275年。早年，他在雅典柏拉图学院求学，对数学、天文以及柏拉图的学说都十分精通，并成为了当时著名的学者。大约在他30岁时，受托勒密王的邀请来到亚历山大，并在那里定居下来。

亚历山大是当时希腊的政治文化中心，吸引了大批的学者到此游学。欧几里得利用这一优势结识了很多渊博的学者，他们互相交流研究的成果和思想。这使得欧几里得的思想也随之开阔起来，为他编写《几何原本》积累了丰富的材料。

古希腊哲学家对数学研究有着十分悠久的历史。欧几里得以前曾出版过一些几何学著作，但都是讨论某一方面的问题，内容也不够系统。在古希腊先前数学家成果的基础上，欧几里得的《几何原本》大约在公元前300年问

世了，这一著作建立起来的几何学结构体系标志着几何学成为一门独立学科。同时，这部著作也是欧几里得对公元前7世纪以来希腊几何成果的继承与创新，这对数学、科学等学科的发展以及对西方人的整个思维方法都产生了极为深远的影响。

最初用希腊文写成的《几何原本》自产生之后，就作为教科书而广泛流传，至今已有两千多年。据说现在达到了一千多个版本。这本书对后世产生了无法估量的影响，许多科学家都竭力效仿欧几里得，试图把自

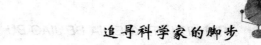

己所有的结论都合乎逻辑地从少数几个原始条件下推导出来。其中最为突出的就是艾萨克·牛顿，他的伟大著作《自然哲学的数学原理》就是用《几何原本》相类似的形式写成的。

除《几何原本》之外，欧几里得还著有《数据》、《图形分割》、《论数学的伪结论》、《光学》、《反射光学之书》等著作，其中《光学》中对入射角和反射角进行了研究，并得出两者相等的结论，即最初的光的反射定律。

作为一位治学严谨的学者和温良敦厚的教育家，欧几里得反对任何人在做学问时投机取巧和追求名利。尽管欧几里得在几何学的简化上做了很多努力，但作为他学生的托勒密王还是不能理解。于是，托勒密王向欧几里得讨教：是否有一条学习几何的捷径？

欧几里得回答道："在几何学里，大家只能走一条路，没有专为国王铺设的大道。"这句话已成为千古传诵的学习箴言。

追寻阿基米德的脚步

在科学发展史上，除了牛顿和爱因斯坦，阿基米德是另一位为人类进步和科学发展做出巨大贡献的人。即使是牛顿和爱因斯坦这样的科学巨匠，他们身上的光辉也沾染了阿基米德身上的灵感与智慧。他是"理论天才与实验天才合于一人的理想化身"。文艺复兴时，达·芬奇和伽利略等人都拿他来当做自己学习的楷模。

阿基米德诞生于富有传奇色彩的西西里岛的叙拉古（今意大利锡拉库萨）。身为贵族的阿基米德在 11 岁时，借助与王室的关系，只身前往亚历山大城学习。

亚历山大位于尼罗河口，是当时著名的经济文化中心，雄伟的博物馆和图书馆吸引了各地的人才会聚与此。阿基米德在这个被世人誉为"智慧之都"的地方学习和生活了许多年，并且和游学到这里的人建立了深厚的友谊。在和这些学者朋友的交往中，他对数学、力学和天文学产生了浓厚的兴趣。在学习天文学时，他发明了用水利推动的星球仪，并从星球仪斗转星移的变幻中悟到了地球的形状和运动的方式。当他的这些成果再次被哥白尼提及的时候，时间已经过去了 1800 年……

公元前 240 年，带着一身博学回到叙古拉城的阿基米德，把为解决用尼罗河水灌溉土地而特意发明的圆筒状的螺旋扬水器带回了王国。这为人们的生活生产解决了许多问题，后人称它为"阿基米德螺旋"。不久，他被希罗王聘请为顾问。

关于阿基米德的故事很多，比如，他在洗澡的时候发现了浮力定律，高兴得光着身子跑出了家门；与希罗王辩论，寻求一个支点要把地球撬起等等，这些只是他科学成就的很小一部分。在他用希腊文写成的数学著作里，他的科研方法是先设立若干定义和假设，然后再依次证明，其体例颇有欧几里得《几何原本》之风。其作品《论球和圆柱》、《圆的度量》、《抛物线求积》、《论螺线》等，既继承和发扬了古希腊研究抽象数学的科学方法，又使数学的

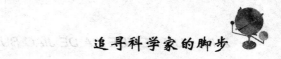

研究和实际应用联系起来，这在科学发展史上的意义是重大的，对后世的影响是极为深远的。故而，他被高斯评价为："有史以来最伟大的数学家"。

阿基米德也是一位力学家，有"力学之父"之称。除闻名于世的浮力定律外，在总结前人经验的基础上，他还系统地研究了物体的重心和杠杆原理，提出了精确地确定物体重心的方法，严格的证明了杠杆原理，为静力学奠定了基础。在研究机械的过程中，杠杆原理为他提供了很大的帮助，为此他制造出许多省力轻便的机械。

阿基米德不仅有着突出的科学成就，还有着一颗极强的爱国之心。传说罗马军队入侵叙拉古时，已过古稀之年的阿基阿米德指导同胞们制造了投石机、铁爪式起重机等很多非常有效的攻防武器，打得侵略军落花流水。另一个难以置信的传说是，他指导叙拉古人民利用凹面镜的聚焦反射阳光，将罗马军队的木制战舰上的帆焚烧。罗马士兵被这"天降神兵"吓得胆战心惊，一见到有绳索或木头从城里扔出，他们就惊呼"阿基米德来了"，随之抱头鼠窜。

公元前212年，围城三年的罗马人在趁叙拉古城防务稍有松懈的情况下，大举进攻叙拉古，不久城门被攻破。此时的阿基米德还沉浸在一道深奥的数学题之中。一个罗马士兵闯入，用双脚践踏了他在地上所画的几何图形。满怀愤怒的阿基米德起身与之争论，不料残暴无知的士兵举刀一挥，一位璀璨的科学巨星就此陨落了。

对于阿基米德被杀，罗马将军马塞勒斯甚为悲痛，并为之懊悔不已。除严肃处理这个士兵外，还亲自将阿基米德的遗体厚葬，并在其墓碑上刻着一个圆柱内切球的图形，以纪念他在科学上的卓越贡献。这也是阿基米德生前曾流露过的愿望。

追寻莱布尼茨的脚步

戈特弗里德·威廉·莱布尼茨是历史上少见的通才，被誉为17世纪的亚里士多德。和牛顿一样，他也是微积分的独立发明者之一。但绝大多数人认为，莱布尼茨最大的贡献不是发明微积分，而是微积分中使用的数学符号。相比有"历史上最伟大的符号学者之一"之称的莱布尼兹来说，牛顿的符号系统太差了，以至现在我们使用的微积分通用符号大都是莱布尼茨创立的。

1646年7月1日，莱布尼茨出生于德国东部莱比锡的一个书香之家，从小受到了良好的教育。在大学期间广泛阅读了培根、开普勒、伽利略等人的著作，并对他们的著述进行了深入的思考和评价。在听了教授讲授的欧几里得的《几何原本》的课程后，莱布尼茨对数学产生了浓厚的兴趣。

在前人工作的基础上，莱布尼茨从几何问题出发，运用分析学方法引进微积分概念，将两个貌似毫不相关的问题（一个是切线问题，一个是求积问题）联系在了一起，从中找到了运算的法则，解决了初等数学难以解决的问题。

莱布尼茨把这一研究结果写成了论文《一种求极大极小的奇妙类型的计算》，并在1684年10月发表。这就是最早的微积分研究文献，它虽然只有短短的六页，却足以彰显它划时代的意义。

在微积分的创立过程中牛顿的研究时间早于莱比尼茨，因此有人认为他有剽窃之嫌。为此，莱布尼次在1713年发表了《微积分的历史和起源》一文，总结了自己创立微积分学的思路，说明了自己成就的独立性。不过即便如此，关于微积分创立的优先权，在数学史上还是掀起了一场激烈的争论。

莱布尼茨在数学方面的贡献不仅局限在微积分上，他的研究及成果渗透到高等数学的许多领域。他的一系列重要数学理论的提出，为后来的数学理论奠定了基础。

作为一个举世罕见的科学天才，莱布尼茨一生在多个领域都取得了丰硕成果，对丰富人类的科学知识宝库做出了不可磨灭的贡献。由于胆结石引起的腹绞痛，1716年11月14日，莱布尼茨孤寂地离开了人世，终年70岁。

追寻欧拉的脚步

科学家大多都很多产，一生写下几十部书不算稀奇的事，但是能写出886本书的恐怕就只有瑞士数学家欧拉了。他从19岁开始发表论文，直到76岁，利用半个多世纪的时间为后人留下了浩如烟海的书籍和论文，这在科学史上是极为少见的。

欧拉于1707年4月15日出生于瑞士的巴塞尔一位牧师的家庭，父亲是一个数学家。从小受家庭环境的影响，他对数学产生了浓厚的兴趣。欧拉天生聪慧，13岁时便就读巴塞尔大学，15岁获得学士学位，次年获硕士学位。

离开学校后的欧拉在瑞士没有找到合适的工作。1727年，他应邀到俄罗斯圣彼得堡做著名教授丹尼尔的助手。1731年，他领导理论物理和实验物理教研室的工作。两年后，年仅26岁的欧拉接替丹尼尔，成为彼得堡科学院数学部的领导人。

在彼得堡科学院期间，欧拉勤奋地工作，取得了很多研究成果。1735年，欧拉使用自己发明的新方法，仅花了三天时间就计算出了一颗彗星的轨迹。长时间的持续工作使他在这一年右眼失明，但这并没有降低他对科学研究的热情。1736年，欧拉出版了《力学，或解析地叙述运动的理论》，提出质点或粒子的概念，同时，他还创立了分析力学、刚体力学，丰富和发展了牛顿的经典力学。

18世纪中期，在研究物理问题过程中，欧拉写成了《方程的积分法研究》，创立了微分方程这门学科，并在此基础上对函数用三角级数表示的方法和解微分方程的级数法等等进行了深入的研究。

1766年他在出版的《关于曲面上曲线的研究》中，建立了曲面理论，给出了空间曲线曲率半径的解析表达式。这篇著作在微分几何发展中占有重要地位，是微分几何发展史上的一个里程碑。

　　长期而繁重的科学研究，使他的左眼也慢慢失去了光明，但他仍然没有放弃科学研究。1768 年，他在圣彼得堡出版了《积分学原理》第一卷。两年后第三卷出版，并且口述完成了《代数学完整引论》，这部书在数学界引起了一番浪潮，几乎成为整个欧洲人学习的教科书。

　　在天文学上，欧拉对月球运动及摄动问题进行了研究。创立了月球绕地球运动地精确理论，解决了连牛顿都没有解决月球运动的疑难问题。为了提高天文观测的效果，他还对天文望远镜、显微镜进行了研究。

　　欧拉是科学历史上著作最多的数学家，除了写大量的研究性论文外，他还写了大量数学方面的课本，如《微分学原理》、《积分学原理》、《无穷小分析引论》等都成为数学史上的经典著作，其中《无穷小分析引论》为他赢得了"分析学的化身"的美誉。

　　欧拉是 18 世纪最杰出的数学家，他不仅为数学的发展作出了不可磨灭的贡献，还把数学的理论和方法推广到了物理学的各个领域。数学界把他和阿基米德、牛顿和高斯并称为数学史上的"四杰"。1783 年 9 月 18 日欧拉在俄国圣彼得堡突然疾病发作离开了人世，终年 76 岁。

追寻林奈的脚步

由于十六、十七世纪的地理大发现，海外航行和贸易迅速发展，动植物标本的采集和积累不断增加，许多航海归来的生物学家和博物学家带回世界各地的动植物，并用自己的喜好为之命名，由此便造成了一物多名，或异物同名的混乱现象。

这种混乱现象对生物学的发展非常不利，所以迫切需要发展分类工作，建立科学的命名方法。林奈的《自然系统》一书，就担当起了这个任务，他也因此被称为分类学之父。

卡尔·冯·林奈于1707年5月23日生于瑞典斯马兰德，生活在中国李时珍之后一百多年，是一位自然学者。他们两个人虽然都是医生和植物学家，但是遭遇却完全不同。李时珍生活在科学人才备受压抑的封建社会的末期，他花费几十年心血写的《本草纲目》，生前竟得不到出版。而林奈生活在科学人才备受鼓励的资产阶级发展时期，有人帮助他学习，资助他考察，请他当大学教授，并多次遇到"伯乐"，相比之下他可称得上是时代的幸运儿。

在中国先哲们的心目中，人是独立于自然万物之外的。而古希腊哲学家柏拉图认为，人只是自然万物中的一个品种，是一种身上无毛的两足动物。柏拉图的学生亚里士多德在其《动物学》一书中第一次把人划进了动物界中。尽管亚里士多德还对动物做了属和种的进一步分类，但他记载的种类太少，还算不上真正意义上的科学分类。

林奈在前人研究的基础上进行了继承和创新，首次采用了"双名命名制"，

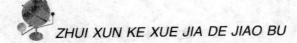

即二名法，把过去紊乱的植物名称，归于统一，创立人为分类法，并广被采用。直至十九世纪才为自然分类法所取代。这种分类方法使已知的各种生物可以排成一个有规则的系统，结束了过去生物学在分类命名上的混乱现象。

在 1735 年出版的《自然系统》一书中，林奈把自然界存在的植物、动物、矿物三大类，分为纲、目、属、种，实现了分类范畴的统一。他以种为分类的最小单位，根据花的数量、形状和位置，再分成属。根据各属子实体的主要特征划分为纲，并把容易概括的属列为纲以下的目。这就形成林奈闻名于世的性系，其中纲主要取决于雄蕊数，不根据雌蕊数。对动物界的分类，林奈没有提出任何共同适用的原则。但是，他把鲸归入四足类共采用哺乳类的名称。他还把人和四足动物同样列入哺乳动物纲，并把人和猿猴一起列入了灵长目。

林奈对生物学的贡献是划时代的，对于我们人类认识自身在自然万物中的位置具有决定性的意义。可以毫不夸张地说，是林奈给人做出了科学的定位。自此，世界上的每一个民族或人类个体都可以通过界、纲、目、属、种、亚种逐级找到自己在自然界的位置。从生物属性上说，人不再是独立于自然万物之外的幽灵，也不是什么天神的特殊造物，她仅仅是生命长链上的一个活环，是生物之树上的枝条，如果没有其他物种的支撑，人类这个枝条也将枯萎，无法在天地间独存。恩格斯评价说，植物学和动物学由于林奈而达到了一种近似的完成。

林奈是一位博学大家，他除了在医学、生物学、地理学等方面作出了很大贡献以外，也为其他学科做出了很大贡献。1739 年，他和其他学者一起创建了瑞典皇家科学院，旨在代表瑞典经济界的利益促进科学研究。他还编写了一部有关瑞典民俗、重点介绍瑞典民间舞蹈的书籍，为民俗学研究也做出了贡献。1778 年 1 月 10 日，经历一系列中风之后，林奈在瑞典乌普萨拉去世。

追寻库仑的脚步

查利·奥古斯丁·库仑是 18 世纪最伟大的物理学家之一，1736 年 6 月 14 日生于法国昂古莱姆。1761 年毕业于皇家军事工程学校后，作为军事工程师服役多年。1782 年，当选为法国科学院院士。

库仑兴趣广泛，在结构力学、梁的断裂、材料力学、扭力、摩擦理论等方面都作出过贡献，他发现的库仑定律是电学发展史上第一个定量规律，也是一座重要的里程碑，它使电学的研究从定性进入到定量阶段。

1773 年法国科学院悬赏征求改进船用指南针的方案，库仑在研究静磁力中，提出了改良的方法。他仔细研究了指南针中磁针支架在轴套里的状况：用细头发丝或丝线悬挂磁针，敏锐的观察力使他注意到温度对磁体性质的影响。接着他又发现了丝线扭转时的扭力和针转过的角度成比关系，从中受到了很大的启发，发明了扭秤。

扭秤的作用就是能以极高的精度测出非常小的力，这一发明为他的下一步实验提供了必备的试验仪器。1785 年，库仑用自己发明的扭秤建立了静电学中著名的库仑定律，即：空中两个静止的点电荷之间的作用力与这两个电荷所带电量的乘积成正比，作用力的方向沿着这两个点电荷的连线，同号电荷相斥，异号电荷相吸。

在发现库仑定律之后的四年里，他在电荷间的作用力方面也作了深入的研究，并借助皇家科学院精密的仪器做了大量的试验，发表了很多相关的论文。1789 年法国大革命爆发，库仑隐居在实验室里坚持着自己的研究。就在这一年，他的一部重要著作《电气与磁性》问世，在这部著作里，他把有关两种形式的电的理论发展到磁学方面，在此基础上他归纳出了类似于库仑定律的两个磁极相互作用的定律。

库仑一系列研究成果的问世大大缩短了电学与磁学之间距离，并找到了电和磁的计量方法，将牛顿的力学原理扩展到电学与磁学中，为电磁学的发展、电磁场理论的建立开拓了道路。在他的这些发现过程中扭秤起着不可代

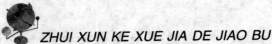

替的作用。

　　库仑不仅在力学和电学方面做出了重大贡献，他还是一位著名的工程师，在工程方面也作出过重要的贡献，他曾设计了一种水下作业法。这种作业法与现代的沉箱类似，在当时的工程建设中得到了广泛的应用。这些重大成果的发现，推动了物理学的发展，也使他足以成为十八世纪最伟大的物理学家之一。1806 年 8 月 23 日，库仑因病在巴黎逝世，终年 70 岁。后人为了纪念他，把电量的单位以库仑的名字命名。

追寻威廉·赫歇尔的脚步

　　威廉·赫歇尔于 1738 年 11 月 15 日出生于德国的汉诺威，他有五个兄弟姐妹，排行第三。他的父亲是军乐队一名吹双簧的乐师，在他 4 岁的时候就教他拉小提琴，稍大一点就开始教他吹双簧。他的父亲不仅教给孩子们乐理知识，还给他们指点星空讲解天文知识，在家庭环境的耳濡目染下，幼时的威廉就喜欢上了宇宙，并走向了天文探索这条道路。

　　1756 年，英法"七年战争"爆发。赫歇尔为躲避战争，过上了流浪的生活。在异乡，衣食无着的威廉只得演奏乐器和教授音乐为生。但这并不能阻止他对无限宇宙的向往，没有条件他就自己创造条件。开始他先借用别人的小望远镜进行观测，在观测的过程中，随着他对视野要求的不断增大，穿透星空的欲望也同时在膨胀，小小的望远镜已不能满足他的观测要求。

　　1762 年，战争结束了，他的生活也就稳定了下来，开始研制大型望远镜。1774 年 3 月，赫歇尔在妹妹卡洛琳的帮助下，终于制作出了第一架大型反射望远镜，口径为 12.7 厘米，焦距达 1.7 米。这架望远镜为了减少光的损失，省去了牛顿式平面副镜，改造后的望远镜被称作"赫歇尔式望远镜"，他就是用这种望远镜取得了举世瞩目的成就。

　　赫歇尔在 1781 年，用 2.1 米左右望远镜观测到了天王星，并最终确认它是土星之外的大行星。这是天文学家用望远镜探测到的太阳系中的第一颗新行星，从此他声名大振。同年，土星的两颗卫星和天王星的两颗卫星又先后被他发现。

　　制造望远镜的一代宗师威廉·赫歇尔，他用毕生的精力来进行望远镜的制作，共磨制了四百多块反射镜面。在制作望远镜上最值得称道的是他制作了一架大型的金属反射望远镜口径达 1.22 米，长达 12 米，这是威廉研制的望远镜之最，也是当时世界之最。威廉除了有这些重大发现之外，还在银河系的结构研究上做出了巨大的贡献，并首次确定了银河系的形状、大小以及星星的数量，还找到了太阳空间运动的向点，为近代天文学的发展奠定了基础，被后人誉为"恒星天文学之父"。

　　威廉的一生都陶醉在这有着无限奥妙的星空中，不知老之将至，他 50 岁才成婚，娶的是一位曾大力资助他研制大型望远镜的富家寡妇。至于他的妹妹卡洛琳，对天文更是一往情深，终身未嫁。

追寻哈维的脚步

血液循环在今天人的眼里早已不是什么奥秘。但在 17 世纪 20 年代以前，这还是充满神秘的未知领域。古希腊哲学家亚里士多德曾错误地指出人体内（血管内）充满着空气。古罗马神医盖仑否定他的观点，认为血液是从肝脏一点一点地渗进血管，并因为某种压力，而不断地输送到全身。他的理论获得后世的公认，成为之后千余年人们信奉的"圣经"。

文艺复兴时期，比利时解剖学家维萨里和西班牙医生塞尔维特经过不懈努力，才推翻了盖仑的错误理论，然而他们却在教会的迫害下，双双付出了生命的代价，没能对血液到底在身体内部如何运行作出合理的解释。历史的重任落在英国医生哈维肩上，他知难而上，敢于向权威挑战，以无可辩驳的事实证明血液循环和心脏功能，这使得他成为与哥白尼、伽利略、牛顿等人齐名的科学革命时期的巨匠。

威廉·哈维 1578 年出生在英国福克斯通镇。15 岁时进入剑桥大学凯厄斯学院学习医学。1602 年，获得当时欧洲最著名的高等学府——意大利帕多瓦大学的医学证书，此后不久，他又在英国剑桥大学获得医学博士学位。

自 1603 年起，哈维开始在伦敦行医。在他的职业生涯中，与皇室建立了密切的关系，曾先后做过国王詹姆斯一世和查理一世的御医。同时也开始了对人体血液的秘密研究。

在系统地分析了前人的研究情况后，哈维首先通过一个简单的数学运算来论证血液循环的概念。他估计心脏每次跳动的排血量大约是两盎司，心脏每分钟跳动 72 次，用简单的乘法运算得出：每小时大约有 540 磅血液从心脏排入主动脉。但是 540 磅远远超过了一个正常人的整个体重，这时的哈维明显地认识到了等量的血液往复不停地通过心脏。提出这一假说后，他花费了九年时间来做实验和仔细观察。

1628 年，他划时代著作《心血运动论》的出版，标志着近代生理学的诞生。在此书中，哈维提供了大量的证据，从各个方面证明了心脏是一个可以

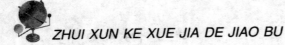

泵出血液的肌肉实体，血液以循环的方式在血管系统中不断流动。此外，哈维还彻底否定了心脏的心室之间可以透过血液，指出右心室的血液通过肺循环流到左心室，并证实了心脏瓣膜和静脉瓣的作用。

这一部只有 72 页和两幅插图的书出版后，遭到了以教会为首的敌对派的猛烈攻击。所幸的是，英王查尔斯一世对他的学说很感兴趣，并任命他为御医，哈维最终才得以颐养天年。

一生中写过大量的科学论著的哈维，但仅有《心血运动论》和《论动物的生殖》两书及几封为《心血运动论》辩护的公开信发表。其中，1651 年发表的《论动物的生殖》记述了多种鸟类与哺乳动物胚胎的生长发育，提出"一切生命皆来自卵"的假设，标志着当代胚胎学研究的真正开始。

哈维工作标志着新的生命科学的开始，是发端于 16 世纪的科学革命的一个重要组成部分。1649 年，英国国内战争结束后，查理一世被绞死，哈维因为一直忠于查理一世而被禁止进入伦敦城。1657 年，79 岁的哈维死在伦敦郊外他的弟弟家中。

追寻波义耳的脚步

"我们所学的化学，绝不是医学或神学的婢女，也不应甘当工艺和冶金的奴仆，化学本身作为自然科学的一个独立部分，实为探索宇宙奥秘的一个方面。"这是英国化学家波义耳的名作《怀疑派化学家》中的一段话。

正是由于波义耳这部著作的出版，才使化学摆脱了冶金或医药学的从属地位，标志着近代化学的开端，同时使化学成为了一门专门探索自然界本质的独立科学。正如后世评论家所言，如果把伽利略的《对话》作为经典物理学的开始，那么波义耳的《怀疑派化学家》可以作为近代化学的开始。

罗伯特·波义耳于 1627 年 1 月 25 日生于爱尔兰西南部的利兹莫城的一个贵族家庭，父亲是爱尔兰首府科克群的伯爵和首屈一指的富翁。罗伯特是家中 14 个儿女中最小的一个，从小体弱多病，喜欢安静，酷爱读书，但是说话有点口吃。因此父亲对他疼爱有加，并专门为他请来最好的家庭教师。

1641 年，在家庭教师的陪同下，波义耳和哥哥一起游历欧洲。在此期间，他接触到了伽利略的经典名著《关于两大世界体系的对话》，深受启发，为他将来发表的名著《怀疑派化学家》奠定了基础。

提出科学元素的概念，是波义耳在化学方面的突出成就。他对"元素"这一概念，进行了重新界定，否定了四元素说和三要素说，使化学第一次明确了自己的研究对象。

"元素"这一概念最早有古希腊哲学家柏拉图提出，后经他的学生亚里士多德进一步明确形成了四要素说，即万物之源是由火、水、气、土四种元素组成的。在过去的两千年里，这一学说曾被许多人奉为真理。后来的医药化学家们又提出了硫、汞、盐的三要素理论，也曾经风靡一时。

通过了一系列实验，波义耳发现传统的元素非真正的元素，并以不含这些"元素"的黄金为例，也不能从黄金中分解出硫、汞、盐等任何一种元素。相反的是，这些传统元素中的盐却可被分解。基于这些发现，波义耳认为元素是那些不能用化学方法再分解的简单物质。他还进一步认识到作为万物之源的元素，既不是如亚里士多德所言的只有"四种"，也不是医学化学家所说的三种，而有许多种。用现代的观点看，波义耳的元素概念实质上与单质差不多。现代元素的科学定义是具有相同核电荷数同一类原子的统称。这种科学认识已是波义耳之后三百多年的事了。

波义耳尤其重视科学实验的思想，并反复强调："化学，为了完成其光荣而又庄严的使命，必须抛弃古代传统的思辨方法，而像物理学那样，立足于严密的实验基础之上。"他把这些新观点带进了化学界，为化学的健康发展扫平了道路。

除此之外，波义耳还有几项不能磨灭的化学成就。例如化学实验中常用的酸碱指示剂就是因为他的细心观察而发现的。在波义耳的一次紧张的实验中，放在实验室内的紫罗兰，被溅上了浓盐酸，波义耳赶紧把冒烟的紫罗兰用水冲了一下，后发现了深紫色的紫罗兰变成了红色。

这一奇怪的现象促使他进行了许多花木与酸碱相互作用的实验。由此他发现了大部分花草受酸或碱作用都能改变颜色，其中从石蕊中提取的紫色浸液最明显，它遇酸变成红色，遇碱变变成蓝色。利用这一特点，波义耳制成了实验中常用的酸碱试纸——石蕊试纸。

波义耳的晚年是在病榻中度过的。虽然如此，他依然执著于他的实验，并在制取磷元素和研究磷、磷化物方面做出了突出成就，形成了当时关于磷元素性质的最早介绍。波义耳于1691年12月31日病逝。他一生以做实验或撰写论文，为最大的乐趣。

追寻惠更斯的脚步

惠更斯是 17 世纪荷兰著名的物理学家、天文学家和数学家，是介于伽利略和牛顿之间一位重要的物理学先驱。他一生致力于科学事业的研究，可说为科学而生，在力学、光学、数学和天文学等自然科学的诸多领域内都作出了突出的贡献，成为近代自然科学的一位重要开拓者，在整个科技发展史上有着举足轻重的地位。

1629 年的 4 月 14 日，克里斯蒂安·惠更斯诞生在荷兰海牙的一个比较富裕的大户人家，在亲人们的环绕下过着衣食无忧的生活。但他并不贪图安逸，而是经常跟着父亲潜心研究学问，13 岁时就自制出了一台车床，16 岁的时候就进入了大学学习法律和数学，并以优异的成绩获得了博士学位，不仅结识了当时的著名学者牛顿，还于 1663 年成为英国皇家学会的第一个外国学员。

惠更斯的成就是多方面的。早年的他对数学有着极大的兴趣，22 岁时就发表了关于椭圆弧及双曲线、圆周长的计算等方面的著作，并且对各种平面曲线也进行了深入的研究，展示了他的数学天赋。

光的波动说是惠更斯的主要成就。他在巴黎时就长期从事这方面的研究，在当时曾经发生了一场关于光的本性问题的讨论，这一论争推动了光学事业的发展。1678 年，惠更斯在法国科学院的一次公开演讲中推翻了牛顿的光的微粒说，并在 1690 年出版的《光论》一书中正式提出了光的波动说，建立了著名的惠更斯原理，促进了光学研究的发展。

《光论》里面所涉及的最重要的光学理论就是光波理论。他认为从波源发射出的子波中的每一点都可以作为子波的波源，每个子波波源波面的包洛面就是下一个新的波面。在此原理基础上，他发现了光的衍射、光的折射定律和反射定律，解释了光在光密介质中传播速度减小的原因，同时还画出了光进入冰洲石所产生的双折射现象图像，使人们对光的理解摆脱了只在视觉上的认识，推进了光学的发展。

惠更斯光的波动说，虽然预料了光的衍射现象的存在，也就是说它可以

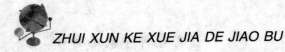

确定光波的传播方向，却不能确定沿不同方向传播振动的振幅，所以惠更斯原理只能说是人类对光学的一个近似的认识，直到后来菲涅耳对惠更斯的光学理论作出了发展和补充，创立了"惠更斯——菲涅耳原理"，才较好地解释了衍射现象，完成了光的波动说的全部理论。

在力学方面，惠更斯在伽利略研究的基础上对"碰撞"问题进行了研究，并在 1669 年提出解决了碰撞问题的一个法则——"活力"守恒原理，这一法则是动量守恒定律的雏形。在研究单摆的过程中他还提出了"离心力"的命题，这也就是后来的"离心力定律"，从而把几何学带进了力学研究的领域。在天文学方面，他因和其弟共同改造的望远镜而发现了土卫六和土星光环，分辨了猎户座星云所包含的恒星。

惠更斯的一生执著于科学研究，终生未婚，1695 年 7 月 8 日在海牙逝世。

追寻舍勒的脚步

卡尔·威尔海姆·舍勒1742年12月19日出生于瑞典南部的斯特拉尔松,是18世纪中期到后期的著名的化学家,氧气的发现人之一。他一生竭尽全力于化学,认为化学是一种值得为之献身的学问,是他一生奋斗的目标。

由于家境贫寒,舍勒只勉强读完了小学。为了生计,14岁的他不得已来到了哥德堡一个药剂师包煦那里当学徒。药店的老药剂师马丁·鲍西是一位好学的长者,实验技术精湛。在他言传身教下,舍勒的知识和实验技术进步极为迅速。在工作之余,舍勒读了当时流行的制药化学著作,还学习了炼金术和燃素理论的有关著作,并且自己动手,制造了许多实验仪器,利用晚上的时间做各种各样的实验。

舍勒一生最大的贡献是发现氧气并测定了空气的成分。1773年,他分别用两种方法制得了氧气。第一种方法是将硝酸钾、硝酸镁、硝酸汞等硝酸盐加热得到氧气;第二种方法是将黑锰矿和硫酸盐共热得到氧气,并为氧气取名为"火空气"。

在实验中,舍勒证明出空气中也存在"火空气",且占空气总体积的五分之一。此外,他还用硫黄燃烧除去空气中的氧气,得到氮气,并称之为"浊气",占空气体积五分之四。十分可惜的是舍勒始终墨守陈陋的燃素说,因此,对自己伟大的发现,作了错误的解释。

舍勒除了发现了氧、氮等以外,还发现了,氯气、砷酸、铝酸、钨酸、亚硝酸,他研究过从骨骼中提取磷的办法,还合成过氰化物,发现了砷酸铜的染色作用。后来很长一段时间里,人们把砷酸铜作为一种绿色染料,并把它称为"舍勒绿"。

除此之外,舍勒还是近代有机化学的奠基人之一。1768年,他证明植物中含有酒石酸,但这个成果因为瑞典科学院的忽视,一直到1770年才发表。舍勒还从柠檬中制取出柠檬酸的结晶,从肾结石中制取出尿酸,从苹果中发现了苹果酸,从酸牛奶中发现了乳酸,还提纯过酸。统计表明,舍勒一共研

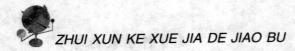

究过 21 种水果和浆果的化学成分，探索过蛋白质、蛋黄、各种动物血的化学成分。当时的有机化学还很幼稚，缺乏系统的理论支持，在这种情况下，舍勒能发现十几种有机酸，实在难能可贵。

舍勒一生成就颇丰。据统计，他发现的新物质达 30 多种，这在当时是绝无仅有的。

由于舍勒经常处在贫穷之中，大量的实验上作又是用简陋的仪器在寒冷的试验室中进行的，且多是在夜里进行的，这大大损害了他的健康，使他在 1786 年 5 月 21 日过早地病故，年仅 44 岁。

追寻道尔顿的脚步

化学是在近代兴起的一门重要学科，无数的科学先驱为这门学科奠定了理论基础，英国物理学家、化学家约翰·道尔顿就是其中的一位。他既具有敏锐的理论思维，又具有卓越的实验才能，尤其在对原子的研究方面取得了非凡的成果，因而被称为"近代化学之父"。

道尔顿1766年9月6日出生在英格兰一个穷乡僻壤，他的父亲是一位纺织工人，母亲生了6个孩子，一家生活十分困顿，道尔顿的一个弟弟和一个妹妹都因为饥饿和疾病而夭折。道尔顿勉强上完了小学，后就因贫困而不得不辍学。但他酷爱读书，在一个叫鲁滨逊的帮助下，学识大有提高。后来利用担任教会助理教师的机会，发奋读书，涉猎广泛，这种勤奋学习为其以后的教学和科研奠定了坚实的基础。据说在这所学校的12年当中，他读的书比以后50年的还多。

道尔顿一生最主要的成就是提出了科学原子论。在他之前最早提出原子论的是一位古希腊哲学家德模克利特。德模克利特认为物质是由许多微粒组成的，这些微粒是不可分割的，叫做原子。近代科学巨人牛顿也是一位原子论者，但他笔下的原子乃是一些大小不同而本质相同的微粒。道尔顿则认为相同元素的原子形状和大小都一样，不同元素的原子则不同，每种元素的原子质量都是固定不变的，原子量是元素原子的基本特征。

这一理论的提出把纯属臆测的原子概念变成一种具有一定质量的、可以由实验来测定的物质实体，对原子论有了本质的发展，并且清晰的解释了当时正被运用的定比定律、当量定律，很快成为化学家们解决实际问题的重要理论。

道尔顿的原子论发表以后，在整个科学

界引起了重视和推崇。各种荣誉纷至沓来，1816 年法国科学院选道尔顿为外国通讯院士。1822 年英国皇家学会增选他为会员。其后他先后被聘为柏林科学院名誉院士、莫斯科自然科学爱好者协会名誉会员、慕尼黑科学院名誉院士。但道尔顿对此没有丝毫兴趣，继续从事原子论研究，依然过着那种简朴而紧张的隐居式生活。

除了发现了原子论，道尔顿还发表过一篇研究色盲的文章，提出人类中存在色盲这一病症。有关这项发现还有个有趣的小故事。圣诞节时道尔顿为了表示自己对母亲的孝敬，为母亲买了一双深蓝色的袜子。当他送给母亲时，母亲厉声责问他，为什么买一双红袜子。依照当地的习俗，妇女禁用红色。由此道尔顿才发现自己辨色能力不正常，发现他的哥哥也一样，另有一些人也具有这一病症。为此他撰写了论文，提出色盲这一病症，所以直到现在英国依然将色盲症说成道尔顿症。

从 21 岁起，道尔顿坚持记气象日记，直到逝世前一天，整整坚持了 57 年。由于其长期观测气象，研究气体的物理性质，因而提出了热膨胀定律。

晚年的道尔顿思想变得有些僵化、故步自封，对法国化学家盖·吕萨克在原子论的影响下发现了气体反应的体积定律、意大利物理学家阿佛加德罗建立了分子论进行了无情的抨击和反驳。尤其是对瑞典化学家贝采利乌斯创立元素符号，道尔顿一直到死都是其反对派。

道尔顿是一个终身未娶、没有后人也没有钱财的人，他将自己一生的热情和精力全部奉献给了科学。1844 年 7 月 26 日晚，道尔顿病逝。虽然他的后半生对科学贡献不大、甚至阻挠别人的探索，但他对促进科学发展方面所做的贡献是不可磨灭的。

诚如恩格斯所言，"在化学中，特别感谢道尔顿发现了原子论，已达到的各种结果都具有了秩序和相对的可靠性，已经能够有系统地，差不多是有计划地向还没有被征服的领域进攻，可以和计划周密地围攻一个堡垒相比。"

追寻洪堡的脚步

1799 年 6 月 5 日，载着两位年轻的学者的"毕扎罗"号巡洋舰，由西班牙向大西洋对岸的新大陆缓缓驶去。其中为首的就是亚历山大·冯·洪堡，另一位是法国植物学家邦普朗。他们在委内瑞拉的库马纳港登陆，开始了长达 5 年之久的科学考察旅行。正是这次不同寻常的旅行，奠定了洪堡在地学界前无古人的地位，开创了近代地学特别是自然地理学的新纪元。

洪堡于 1769 年 9 月 14 日出生在德国柏林特格尔庄园，父亲是宫廷的大臣，家庭地位显赫。在父母眼里，小时候亚历山大·冯·洪堡没有哥哥聪慧、稳重和好学。但他从小就很有性格喜欢独自观察各种植物，尤其是对地图上陆地和海洋的形状充满了兴趣，并梦想到遥远的美洲旅行，去体验多彩神奇的大千世界。

1787 年，为了家族的尊严和父母的心愿，洪堡进了法兰克福大学攻读矿业，后转入哥廷根大学继续学习矿业。在大学里，洪堡结识了一位曾在南半球的海洋上航行过的老师乔治·富斯特。在课堂上，洪堡被他讲的那些惊险而又刺激的冒险故事和异地的人情风物所深深吸引。他们的相互交往，更加刺激了他心存已久的梦想，坚定了他探索大自然的信念。

大学毕业后，他无法忍受无聊的工作，下决心远行考察。1795 年，他先后到意大利和瑞士作植物学和地质学的考察。翌年，他开始漫游世界。这次旅行走遍了西欧、北亚，尤其 1799～1804 年在中、南美洲的旅行考察，其总行程达 6.5 万公里，相当于绕行地球一圈半，它成了洪堡开创人生伟大事业的转折点。1804 年，他带着丰富的资料和标本回到了欧洲。

1808 年，对探险和旅行无比热爱的洪堡在巴黎定居，开始了资料的整理，在这些日子里，他的著作一部接一部地出版，如著名的《1799～1804 年新大陆热带区域旅行记》30 卷，《植物地理论文集》、《新西班牙王国地理图集》等。此外，他根据自己的测定并结合前人的资料，绘制了第一个全球等温线图，为全球的气候研究提供了一个科学的参考依据。

1827 年，洪堡回到柏林，他的私人财产由于他的旅行和印刷发行他的科学论著而耗尽了。因此，他接受了普鲁士王宫一个宫廷大臣的职位。两年以后，年过花甲的业历山大·冯·洪堡接受俄国政府的邀请，加入了西伯利亚旅行的队伍，创下了历时 25 个星期行程达 15480 公里的壮举。不久之后，著名的《中央亚细亚》问世。

被视为勇气与智慧完美结合的科学家，洪堡既有徐霞客那样不畏艰险游历万千山川的雄心，又具有沈括一样广博的学识。他涉足的科学领域非常广泛，如天文、地理、生物、矿石等等，并在各领域中都做出了巨大的贡献。此外，他还为植物地质学、气象学、火山学的产生和发展奠定了基础，并成为其学科的创始人之一。

晚年的洪堡，把全部的精力都集中在他的毕生大作《宇宙》上。这部书全面地描述了地球的自然地理以及人情风俗。它出版后，有力地驳斥了当时倡导白种人为优等民族且极其风行的《人种的不平等》一书，开创了近代地理学之先河。

19 世纪科学界中最杰出的科学人物之一的洪堡，为科学奉献了一生。虽在世间生活了 90 个春秋，但终生未娶。作为德国的瑰宝，亦是世界之瑰宝，传奇色彩的一生使他享有多个美誉，如"哥伦布第二"，"科学王子"和"新亚里士多德"等等。

追寻欧姆的脚步

欧姆是德国物理学家，1789 年出身于一个巴伐利亚的工匠家庭。他的父亲是一名锁匠，虽然没有受过正式教育，但对数学和哲学很有研究。欧姆从小在父亲的教导下学习了数学、物理、化学和哲学的基本知识，为以后数学和科学的学习打下了良好的基础。1803 年考入埃尔兰根大学，因为家庭贫困的原因，不得已而中途辍学。而后他在一所学校担任数学教师，并利用业余时间不断自修数学和物理。在 1811 年重返埃尔兰根大学，并获得了博士学位。

欧姆的事业发展并不尽如人意。他曾经在多个地方工作，流动性很强，后来才辗转到了科伦耶稣会高校任教。在这里他利用了学校的一间设置完备的物理实验室，根据当时电流磁力效应的发现，来进行自己的电学实验。1826 年，发现了电学上的一个重要的规律——欧姆定律：即通过一段导体的电流强度与导体两端的电压 U 成正比，得出 $U = IR$ 这一公式。1827 年正式出版了《动力电路的数学研究》一书，从理论上推导了欧姆定律。

欧姆为研究这项工作付出了十分艰巨的劳动，由于当时的图书资料和实验仪器都很缺乏，为此他不仅要忙于教学，而且还要自己亲手设计和制造仪器来进行相关的实验。欧姆定律刚刚发表时，并没有受到德国学术界的重视，反而遭到了各种非议与攻击。他们认为定律太简单，不足为信。这一切使欧姆也感到万分的痛苦和失望。在他给朋友的信中，流露出了他这一时期的痛苦心情："'伽伐尼电路'的诞生已经给我带来了巨大的痛苦，我真抱怨它生不逢时，因为深居朝廷的人学识浅薄，他们不能理解它的母亲的真实感情"。从中我们可以看出欧姆作为一位科学家对祖国的挚爱之情和对自己的发现得不到承认而表现出的悲悯情怀。

但是，真理之光终究会放射出来。1831 年有个叫波利持的外国科学家发表了一篇论文，得到了和欧姆同样的结果。这才引起科学界对欧姆的重新注意。为此他的荣誉亦接踵而至，1841 年，伦敦皇家学院为了肯定他的成就颁授了金章给欧姆，后来他的祖国也给了他各种奖项和荣誉。欧姆终于得到物理学界的认同，1852 年，欧姆正式成为慕尼黑大学的物理教授，了结了他一辈子的心愿。

1854 年 7 月，欧姆在德国曼纳希与世长辞。他的一生不仅因发现欧姆定律而声名远播，同时也在声学和光学方面作出了突出的成就。十年以后英国科学会为了纪念他，决定用欧姆的名字作为电阻单位的名称，使人们每当使用这个术语时，总会想起这位勤奋顽强、卓有才能的伟大物理学家。

追寻柯西的脚步

　　柯西1789年8月21日出生在巴黎，父亲是波旁王朝的官员。幼年时代的他就在父亲引荐下结识了当时著名的两位大数学家拉普拉斯和拉格朗日，并深受他们的赏识。1805年，他考入综合工科学校，在那里主修数学和力学；1807年他又考入桥梁公路学校，毕业后前往瑟堡参加海港工程建设。

　　繁忙的工作阻止不住他对数学的热情。业余时间，柯西悉心攻读数学理论书籍以及与数学相关的物理和天文学，并在拉格朗日的指导和建议下，对多面体开始了研究。不懈的努力终于获得了回报，1811年至1812年，他先后向科学院提交的两篇论文使得他在数学界轰动一时，从此，他便成了法国科学院的常客，据说法国科学院的印刷费用因柯西的作品实在太多而超出了预算。

　　1813年，柯西虽被任命为运河工程的工程师，但他还是把主要精力放在数学研究上。在此期间，他发表了代换理论和群论，为新的数学理论的建立开山铺路；证明了费马关于多角形数的猜测，使一百多年的数学悬疑到此了结。此外，他还在研究液体表面波的传播问题时，得到了历史性的突破，为流体力学的发展搬开了一块巨大的绊脚石，也因此获得了1815年度的法国科学院数学大奖。

　　丰硕的成果为柯西带来了极高声誉，数学界把他当作一颗新量来瞻仰。法国科学院和综合工科学校也都敞开了大门欢迎这位年轻数学家的加盟。很多人会被荣誉冲垮，但柯西的世界永远属于实验室和讲堂。在讲授分析课程中，他建立了微积分的基础——极限理论，为微积分的发展奠定了基础；他出版的《代数分析教程》、《无穷小分析教程概

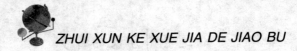

要》极受欢迎，更是成为数学教程的典范。

1830 年，革命者推翻波旁王朝，他抱着对旧王朝的依恋离开了法国，先后到瑞士、意大利。在异国他乡，他开始了对复变函数的级数展开和微分方程的研究，并获得重大突破。直到 1838 年柯西重返故国，回到了自己以前的工作岗位上，直至去世。

柯西一生执著于科学研究，在数学、力学上取得了丰硕的成就。他首创性的单复变函数论，是现代复变函数理论的发端。在极限的研究上，他用和的极限为定积分确定了定义，不但为微积分学奠定了严格基础也推动了整个分析学的发展。此外，他还为弹性力学的发展做出了贡献，成为数理弹性理论的奠基人之一。1857 年 5 月 23 日，他在巴黎附近的索镇病逝，终年 68 岁。

追寻威廉·汤姆生的脚步

"我们都感到，对困难必须正视，不能回避；应当把它放在心里，希望能够解决它。无论如何，每个困难一定有解决的办法，虽然我们可能一生没有能找到。"从这句话中我们可以看出一位执著追求真理，谦虚谨慎、意志坚强、不怕失败、百折不挠的科学家形象。他这种终生不懈地为科学事业奋斗的精神，永远值得我们后人敬仰。

他就是热力学主要奠基人之一的威廉·汤姆生，他的另一个名字叫开尔文。也许我们会感到惊奇，开尔文是个温度单位，看到它时可能立即就会想到这个单位是纪念一位科学家开尔文，怎么变成了威廉·汤姆生。开尔文是一个勋爵衔，因为威廉·汤姆生在对大西洋第一条电缆的安装工程上作出了突出的贡献，所以英国女王授予了他这个头衔，后世一般称威廉·汤姆生为开尔文勋爵。

威廉·汤姆生 1824 年生于爱尔兰，10 岁入读格拉斯哥大学，14 岁开始学习大学程度的课程。15 岁时凭一篇题为《地球形状》的文章获得大学的金奖章。17 岁时，曾赋诗言志："科学领路到哪里，就在哪里攀登不息"，可见他是一个有着极高天赋和顽强意志的人。

汤姆生一生的研究范围广泛，在热学、电磁学、流体力学、数学、工程应用等方面都作出了极大的贡献，尤其在热力学的发展中，成就最突出。

在 19 世纪的时候，物理学界依然普遍相信热是一种不生不灭的物质。1848 年，威廉·汤姆生根据盖－吕萨克、卡诺和克拉珀龙的理论创立了热力学温标，并指出："这个温标的特点是它完全不依

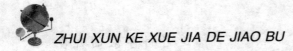

赖于任何特殊的物理性质。"这就是现代科学意义上的标准温标。

在研究了焦耳的多篇关于电流生热的论文后，汤姆生开始改变以前的想法和焦耳进行合作研究，发现了热力学第一定律（能量守恒定律）。

1851 年汤姆生发表了题为"热动力理论"的论文，写出了热力学第二定律的汤姆生表述：我们不可能从单一热源取热，使它完全变为有用功而不产生其他影响。近代物理虽然修正了很多古典物理理论的错误，但是热力学定律仍然是正确而普遍的宏观物理定律。他从热力学第二定律断言，能量耗散是普遍的趋势。同年，威廉·汤姆生利用卡诺循环建立绝对温标，重新设定水的熔点为 273.7 度，沸点为 373.7 度。为了纪念他的贡献，绝对温度的单位以开尔文（Kelvn，K）来命名。

1852 年汤姆生与焦耳合作进一步研究气体的内能，对焦耳气体自由膨胀实验作了改进，发现了焦耳－汤姆生效应。这一发现成为获得低温的主要方法之一，广泛地应用到低温技术中。

汤姆生的一生是非常成功的，他可以算作世界上最伟大的科学家中的一位。他于 1907 年 12 月 17 日去世时，几乎得到了整个英国和全世界科学家的哀悼。他的遗体被安葬在威斯敏斯特教堂牛顿墓的旁边。

追寻焦耳的脚步

能量守恒和转换定律的发现者之一英国物理学家焦耳，1818 年 12 月 24 日出生于英国曼彻斯特，父亲是一个酿酒厂主。他从小就跟着爸爸酿酒，没有接受过正规的教育。但是他从小勤奋好学，经常一边劳动一边识字，靠着自学而成为了物理学家。青年时，经别人介绍认识了著名化学家道尔顿，并在他的指导下学习了数学、哲学和化学，这些知识的学习为焦耳后来的研究奠定了基础。

焦耳最初的研究方向是电磁机。因常在父亲的酿酒厂工作，看到蒸汽机的效率太低，于是他就想将父亲酿酒厂中应用的蒸汽机替换成电磁机以提高工作效率。1837 年，焦耳装成了用电池驱动的电磁机，但由于支持电磁机工作的电流来自锌电池，而锌的价格昂贵，用电磁机反而不如用蒸汽机合算。焦耳的最初目的虽然没有达到，但他从实验中发现电流可以做功，这激发了他进行深入研究的兴趣。从 1840 年起，焦耳开始研究电流的热效应，不久与俄国的著名物理学家楞次各自独立发现了焦耳 – 楞次定律，为揭示电能、化学能、热能的等价性打下了基础，敲开了通向能量守恒定律的大门。

1843 年，焦耳钻研并测量了热和机械功之间的当量关系与热功当量，为热运动与其他运动的相互转化，运动守恒等问题，提供了无可置疑的证据，他也因此成为能量守恒定律的发现者之一。这是焦耳一生最重要的贡献。

尽管有许多无可辩驳的事实，但当焦耳用论文宣布热是一种能量交换的形式时，一些大科学家都表示怀疑和不信任，认为各种形式之间的能量转换是不可能的，为此他多次受到科学界的冷遇。但是，焦耳并没有屈服，他以百折不挠的精神继续做实验，找数据。直到 1850 年，在其他的科学家用不同的方式得到了与焦耳结论相同的能量守恒和转化定律时，焦耳的科学成果才最终获得了科学界的公认。1850 年焦耳被选为英国皇家学会会员，1889 年 10 月 11 日焦耳在塞尔逝世，终年 71 岁。为了纪念他对科学发展的贡献，国际计量大会将能量、功、热量的单位命名为焦耳。恩格斯把他的"由热的机械当量的发现（迈尔、焦耳和柯尔丁）所导致的能量转化的证明"列为 19 世纪下半叶自然科学三大发现的第一项。

追寻维勒的脚步

弗里德里希·维勒是 19 世纪德国著名的化学家，是人工合成有机物的开创者。他在实验中将无机物合成有机物，打破了有机物只能由有生命力的动植物合成的观点，开创了合成有机物的新时代。

1800 年 7 月 31 日，维勒出生于法兰克福，父亲是当地一位有名的医生。儿童时代的维勒兴趣十分广泛，尤其喜欢诗歌和收藏矿物标本。上中学时化学是其在各门的科学中最喜欢的科目，他最喜欢化学，在他居住的房间里处处摆放着实验仪器。但作为医生的父亲希望他继承自己的事业，为此两人经常发生口角。不过，他得到了父亲的好朋友布赫医生的支持。在他的支持鼓励下，维勒读了很多有关化学方面的教科书和专著，这为日后从事化学研究打下了基础。

按照全家人的意见，1820 年秋天，维勒选择了马堡的医科大学攻读医学。在课堂上他是一名好学生，一心一意地攻读所有的功课。可一回到宿舍，他就将医学书籍抛开，专心地搞起化学实验来，几乎天天如此。他的第一项科学论文"关于硫氰酸汞的性质"，就是在那间简陋的大学生宿舍里完成的。

这篇发表在"吉尔伯特年鉴"的论文引起了当时著名化学家贝采利乌斯的注意。之后，维勒到海德堡大学，拜著名化学家格美林和生理学家蒂德曼为师，潜心研究化学。1823 年取得外科医学博士学位后，他被早就对其极为欣赏的贝采利乌斯招进自己的实验室工作。这一直也是维勒的心愿。

18 世纪至 19 世纪初的科学界流行一种生命力学说：人们只能合成无机物质，不能合成有机物质，尤其是由无机物合成有机物更不可能。这也是当时人们划分无机物与有机物的标准。但是维勒经过长期的实验发现了用无机化合物氰酸铵人工合成尿素的方法。1828 年，他将自己的发现和实验过程写成题为《论尿素的人工制成》的论文，发表在《物理学和化学年鉴》上。

这篇论文的发表，可说是石破天惊，它打破了多年来占据有机化学领域的生命力学说，引起了化学界的一次震动。不少人为之欢呼，纷纷祝贺。对此项发现，恩格斯曾评价，维勒合成尿素，扫除了所谓有机物的神秘性的残余。当然维勒的发现同时也遭到了许多人的反对。他的老师贝采利乌斯最初听到这个消息时，幽默地讽刺说"能不能在实验室造出一个孩子来"。人工合成尿素就像是导火索，引爆了有机合成的"大炸弹"，不久，乙酸、酒石酸等有机物，像雨后春笋一般相继被合成出来，开创了有机合成的新时代。

除人工合成有机物外，维勒还在无机化学领域也有不少贡献。他于1827年和1828年分别发现了铝和铍两种元素，对硼、钛、硅的化合物进行了广泛研究并发现了硅的氢化物。这些在化学史上都有重要意义。

追寻安培的脚步

1820 年电流的磁效应被发现以后，电磁领域迅速成为物理界最热闹的地方，法国物理学家安培当然也不会放过这个机会。他经过 6 年的反复试验和数学推敲之后，提出了著名的"安培定律"，为电磁学开辟了一个更为广阔的天地。

1775 年 1 月 22 日，安培生于里昂一个富商家庭。安培是个数学奇才，很小的时候就学会了数学的基本知识，12 岁就开始学习微积分，18 岁时已能重复拉格朗日的《分析力学》中的部分计算。24 岁开始在里昂教授数学，并开始对数学进行系统地研究，后来撰写了概率论的论文，不仅引起了社会上的广泛注意，同时也为他在电磁学上的研究打下了坚实的数学基础。

安培最主要的成就集中在 1820 ~ 1827 年对电磁作用的研究上。在这七八年间，安培发现电流的相互作用规律、提出了右手定则（后被命名为安培定则）、发明了电流计、总结出安培定律等一系列重大突破。经他的努力，电磁学像拨云见日一样，变得无限的开阔。

在这么短的时间内，安培能取得如此大的成果，这在科学史上是不多见的，这当然和他的勤奋是分不开的。他工作不但勤奋刻苦，而且专心致志，甚至达到忘我的程度。据说有一次，安培在通往他任教的学校路上，一边走一边思索着一个电学问题。当经过塞纳河的时候，他随手拣起一块鹅卵石装进口袋。过一会儿，他又掏出那块"石头"扔到了河里。当他到学校后，走进教室，习惯地掏怀表看时间，却发现拿出来的是一块鹅卵石，而扔进了塞纳河的是自己的怀表。

关于他忘我思考，还有一个流传更为广泛的故事。一次，安培在街上散步，走着走着，想出了一个电学问题的算式，但找不到计算的地方而心急如焚。突然，他发现面前有一块"黑板"，就迫不及待地拿出粉笔，在上面运算起来。原来那"黑板"是一辆马车的车厢背面。马车走动了，他也跟着走，边走边写；马车越来越快，他就跑了起来，一心一意要完成他的推导，直到他实在追不上马车了才停下脚步、失望地望着远去的"黑板"，却没有觉察到笑得前仰后合的路人。

1827年安培将他的电磁现象的研究综合在《电动力学现象的数学理论》一书中。这是电磁学史上一部重要的经典论著，对以后电磁学的发展起了深远的影响，麦克斯韦称赞安培的研究工作是"科学上最光辉的成就之一"，还把安培誉为"电学中的牛顿"。

安培的成就是多方面的，在数学和化学方面也有不少贡献。他曾研究过概率论和积分偏微方程。他几乎与戴维同时认识元素氯和碘，并论证过恒温下体积和压强之间的关系，还试图寻找各种元素的分类和排列顺序关系。

1836年6月10日，安培因患急性肺炎，医治无效，在马赛去世，终年61岁。后人为了纪念他在电磁学上的杰出贡献，将电流的单位命名为"安培"。

追寻奥斯特的脚步

　　1820 年 4 月的一个晚上，作为大学物理教授的奥斯特举办了一次讲座。讲座快结束时，抱着试试看的心情做了一个演示实验。他把一根很细的铂丝放在一个被玻璃罩罩着的小指南针的上方。接通电流的一瞬间，他惊奇的发现，指南针转达动了一下。这正是他苦苦求证的电流磁效应，这一现象的出现对他来说真的太突然、太意外了，真是"踏破铁鞋无觅处，得来全不费工夫"。

　　台下的听众没有人注意到奥斯特的惊喜，只是对他突然一惊，差点儿从台上摔下来感到滑稽好笑。奥斯特可顾不上这些，他的心只专注在刚才磁针的一跳上。这一跳已充分说明在接通电流的瞬间，铂丝产生了磁场，从而引起磁针转动。

　　在接下来的三个月里，奥斯特反复做了多次这样的实验以证实这一现象。1820 年 7 月 21 日，他正式向学术界宣告发现了电流磁效应。

　　电流磁效应的发现简直就是石破天惊，在当时整个物理界引起了强烈的反应。要知道，自从法国物理学家库仑提出电和磁有本质上的区别以来，很

少再有物理学家会去考虑电与磁之间的联系，就连法国当时的大物理学家安培和毕奥等人也一直这样认为。电流磁效应的发现，对他们来说无意如当头一棒，将他们敲醒。

　　电流磁效应的发现就像是引爆了电磁学的"火药桶"，一系列的新发现接踵而来。安培发现了电流间的相互作用，提出了安培定律，阿果拉发明了电磁铁，施魏格发明了电流计等等，物理学的一个全新领域——电磁学，从此宣告到来。正如安培所言，奥斯特先生已把他的名字和一个新纪元联系在一

起了。奥斯特凭着这一发现，获得了该年度英国皇家学会科普利奖章，并于1829 年起荣任哥本哈根工学院院长。

1777 年 8 月 14 日，奥斯特出生于丹麦兰格朗岛鲁德乔宾的一个药剂师家庭，从小就爱好科学。为了实现自己科学的梦想，他于 1794 年考入了哥本哈根大学，1799 年获博士学位。此后几年他去德、法等国访问，结识了许多物理学家及化学家，在从中了解到当时电磁研究状况的同时，也和不少物理学家交流了自己的观点和看法。1806 年起任哥本哈根大学物理学教授。

从 1812 年开始，奥斯特便开始了对电磁学的深入研究，经过多年的研究和试验使他对科学发现有了敏锐的观察力，哪怕是十分微小的变化，他也要追根究底。更为重要的是，他上大学时就接受了康德哲学与谢林的自然哲学。受其影响，他坚信电、磁、光、热等现象相互存在着内在的联系。当他得知美国科学家富兰克林发现莱顿瓶放电能使钢针磁化之后，更坚定了他的观点。尽管当时也有人从事电与磁的联系实验，尽管失败紧接一个失败，他都没有动摇自己的观点。正是有这种经历和信念，他便抓住了稍纵即逝的机会，发现了电流的磁效应。

除发现电流磁效应外，奥斯特在科学上还有许多杰出的贡献。1822 年他精密地测定了水的压缩系数值，并论证了水的可压缩性。次年他还对温差电作出了成功的研究，改进了库仑扭秤。1825 年，他提炼出金属铝，虽然纯度不高，但在当时是最早的。40 年代末期，他还研究了抗磁体，对后人深入研究磁本质打开了一个通道。

作为物理学家，奥斯特一生成果丰硕，作为一名教师，他的讲课也深受学生欢迎。他说过"我不喜欢那种没有实验的枯燥的讲课，因为归根到底，所有的科学进展都是从实验开始的"。为此，1934 年美国特地设立了"奥斯特奖"，以奖励优秀的物理老师。

1851 年 3 月 9 日，奥斯特在哥本哈根逝世。为纪念他在科学上做出的贡献，1934 年科学界把国际单位制中的磁场强度单位命名为"奥斯特"。

追寻高斯的脚步

在德国流传着一个关于天才男孩的故事，传说一个三岁的小孩帮助他的父亲纠正了借款账目中的错误。这位天才男孩就是后来有"数学王子"之称的高斯。

高斯是数学史上一个转折时期的重要代表人物，他的许多研究成果都具有划时代的意义。

1777 年 4 月 30 日，高斯生于德国不伦瑞克的一个工匠家庭，幼时家贫，受人资助才进入学校读书。16 岁时进入哥廷根大学学习，后转入黑尔姆施泰特大学，1799 年获得博士学位。从 1807 年起担任哥廷根大学教授兼哥廷根天文台台长直至逝世。

被称为天才数学家的高斯，在很小的时候就展现出了极高的数学天赋。上小学的时候，他用很短的时间计算出了对自然数从 1 到 100 的求和。他所使用的方法是：对 50 对构造成和为 101 的数的求和。同时得到结果：5050。如果说这仅仅是小技巧的话，那么在他 16 岁的时候预测到了非欧氏几何的必然产生，并且还推导出了二项式定理的一般形式，并发展了数学分析的理论，就不得不承认他天才的智慧了。

在进入哥廷根大学的同年，高斯发现了质数分布定理和最小二乘法。接着他又转入曲面与曲线的计算，并成功得到高斯钟形曲线，这一曲线在概率计算中大量使用。次年，年仅 17 岁的他首次用尺规构造出了规则的 17 角形，为欧氏几何自古希腊以来做了首次重要的补充。

在 1807 年的时候，高斯成为了哥廷根大学的教授和当地天文台的台长，于是他开始涉足于小行星的研究，他利用自己创立的三次观测决定小行星轨道的计算方法，成功计算出了谷神星和智神星的轨道。此后，天文界对小行星轨道的计算几乎都采用这种方法。

1818 年至 1826 年，高斯领导了汉诺威公国的大地测量工作，他利用测量平差和求解线性方程组的方法，使测量的精度得到了极大的提升。在此期间，他白天测量，夜晚计算，在刚开始的五六年间，他经历了上百万次的大地测量数据计算，后来他转入测量数据的研究和计算，从中推导了由椭圆面向圆球面投影时的公式，这些理论在今天仍有很大的应用价值。

在长期的测量中，他发明了还日光反射仪，可以将光束反射至 450 公里外的地方。但是要利用日光反射仪进行精确测量就必须解决曲面和投影的理论关系，高斯在这段时间开始了对曲面和投影的理论研究。这方面的研究成果为后来微分几何的创立奠定了基础。在非欧氏几何的研究中，他独自提出和证明欧氏几何的平行公设不具有物理的必然性，由于他担心同时代的人不能理解该理论，最终没有发表。但后来量子力学证明了他的观点的正确性。

高斯在数学上的成就十分广泛，在微分几何、非欧几何、超几何级数、数论以及椭圆函数论等方面均有开创性贡献，并且在天文学、大地测量学和磁学的研究中引入数学方法，取得巨大的成就。1855 年 2 月 23 日，79 岁的高斯在哥廷根逝世。为了纪念他，哥廷根大学的校园里建立了一个正 17 边形台座的高斯雕像。

追寻戴维的脚步

戴维和道尔顿是同时期的化学家，比道尔顿小 12 岁。戴维擅长演说，试验技术高明，性格热情奔放。他最大的科学贡献就是电解离析出了金属钾、纳、钙、镁，并以其一生的实际行动向世人显示出了科学在社会发展中的重要意义，为提高科学的社会地位做出了突出的成就。

1778 年 12 月 17 日，戴维出生在英格兰彭赞斯城附近的一个木器雕刻匠家庭。淘气、贪玩的戴维 5 岁入学时，常常带着钓鱼的器械和各种矿石在校园里嬉戏。1794 年父亲的去世，使他陷入了生活的困境。为了谋生，戴维被送到一位名叫柏拉兹的医生那里当学徒。在此期间，戴维结识了蒸汽机的发明者詹姆斯·瓦特的儿子格利高利·瓦特，以及后来继戴维任过英国皇家学院主席的吉迪等许多知识丰富的人。在此激励下，他制定了庞大的自学计划，仅外语就有七门之多。此外，还利用现成的药品和仪器开始了他最初的化学实验训练，为以后的发明创造打下了坚实的基础。

1798 年经瓦特介绍，戴维来到布里斯托尔，在帕多斯医生开设的气体疗病研究所实验室当管理员。帕多斯懂得化学，擅长医术，戴维对这里有更好的学习和实验机会感到称心如意。1799 年 4 月，戴维在实验中冒着生命危险亲自吸入笑气（一氧化二氮），得出这种气体显然不能过量地吸入体内，但少量的可用在外科手术中作麻醉剂。随后他将这个试验的过程和亲身的感受及笑气的性质写成小册子。此后，戴维的名声就随着笑气而宣扬开了。

1801 年初，经多人推荐，戴维被皇家科普协会聘请。在那里他结识了研究热力学而出名的物理学家汤普逊。因其才华出众，所以第二年便被升为第二任化学教授。此后，他从英国的化学家尼科尔逊和卡里斯尔采用伏打电池电解水的实验中受到启发，开始对盐溶液进行电解实验。1807 年，戴维在皇家学会的学术报告会上，宣布了电解离析出金属钾的实验。这一实验的成功，使戴维对电解这种方法更有信心，6 个星期后，他采用同样方法电解了苏打，获得了一种新的金属元素钠。

长期的实验使得戴维形容枯槁，脸色苍白。但疾病丝毫没有挫减他的锐气和热情，当身体刚好一点，他又来到了实验室，进行新的攻关。次年3月，他根据瑞典化学家贝采里乌斯所提出的意见，对石灰和水银混合物进行电解，成功地制取了金属钙，紧接着又制取了金属镁、锶和钡。

随着其科研成果的问世，各种名誉也纷至沓来，戴维在1803年他被选为英国皇家学会会员，1807年出任皇家学会秘书，1820年被选为皇家学会会长。

在几十年的研究生涯中，戴维分别在电化学、建立酸的氢学说、发现碘元素、发明矿用安全灯、创制电弧灯等方面作出了突出的贡献。当然，他的最重要的一项成就是发现了伟大的科学家法拉第。1826年，戴维积劳成疾病倒，1829年死于日内瓦，终年51岁。

追寻贝采利乌斯的脚步

被称为化学元素符号首倡者的贝采利乌斯，除首次采用现代元素符号并公布了当时已知元素的原子量表以外，还接受并发展了道尔顿的原子论、准测定了四十多种元素的相对原子质量、发现了"同分异构"现象并首先提出了"催化"概念。这些卓著成果，在化学的发展中起着至关重要的作用，使他成为了 19 世纪一位赫赫有名的化学权威。

琼斯·雅可比·贝采利乌斯 1779 年 8 月 20 日出生在瑞典南部东约特兰省的一个名叫威菲松达的小乡村里，1848 年 8 月 7 日卒于斯德哥尔摩。17 岁时，他以优异的成绩考入乌普萨拉大学攻读医学。获医学博士学位后，贝采利乌斯受聘斯德哥尔摩医学院，任医学、植物学和药物学助理教授、教授。1808 年，选入斯德哥尔摩皇家科学院。1815 年，担任斯德哥尔摩的卡罗琳外科医学院的化学教授。1818～1832 年，任斯德哥尔摩皇家科学院终身秘书。

1806 年，刚刚获得博士学位的贝采利乌斯首次提出"有机化学"这个名称。在此领域的研究中，他惊奇地发现外消旋酒石酸与酒石酸有相同的化学组成，而物理性质却大相径庭。这就是贝采利乌斯以此命名的同分异构现象，后来他又发现了催化作用，并与之命名，为有机化学的产生奠定了基石。

为了确定道尔顿的原子学说，贝采利乌斯也加入了元素的原子量的计算工作。当他计算出了几乎全部元素的相对原子质量时，却发现科学界没有元素表示的统一标准，一旦付诸印刷，必然造成一团混乱。经过苦思冥想之后，他找到了最简洁的方法——用字母来表示元素。这就不需要专门的印刷铅字，而且既容易记也容易书写。

为了避免重复，如果需要再加第二个字母时，用来表示金属元素。例如，氢的拉丁文名称是 Hydrogenium，那么氢元素的符号就可以写成 H。汞的拉丁文名称的第一个字母也是 H（Hydrargyrum），汞元素就可以写作 Hg。1813年，贝采利乌斯把新理论写成论文公布于众。由于这种符号十分方便，很快就被科学家接受了。一年后，包含了 41 种元素的原子量发表了，1826 年增加到 50 种元素。在比期间，他还首次发现了铈、硒等新元素。他所创立的元素符号体系，沿用至今。

此外，贝采利乌斯还提出了电化二元论，开创了对分子中各原子间相互关系的探索。他的著作《化学教程》、《电的化学作用和化学比例理论》等也被翻译成多国文字，流传世界各地。

贝采利乌斯在数十年如一日地工作和实验中，忘记了自己的年龄，直到 56 岁时才结婚。新娘是瑞典国务大臣 24 岁的女儿安娜·布郎克。尽管年龄相差很多，然而他们的婚姻很幸福。

追寻阿贝尔的脚步

翻开近代数学的理论书籍，与阿贝尔相关的定理、公式随处可见，如阿贝尔级数、阿贝尔基本定理、阿贝尔极限定理等等。有这么多的概念和定理与自己的名字联系在一起的数学家，在数学史上是很少见的。遗憾的是阿贝尔英年早逝，仅活了 27 岁，没能在生前享受自己的成就所带来的荣耀。

阿贝尔是挪威著名的数学家，近代数学发展的先驱，1802 年 8 月 5 日生于挪威芬岛。从小生活在农村的阿贝尔，在很小的时候就表现出了惊人的数学才能。在学校里，他的这种表现引起老师霍姆伯的注意。在老师霍姆伯介绍下，他开始阅读牛顿、欧拉、高斯的数学著作。老师的引导和大师们著作的魅力使他踏进了数学的王国，从此再也不想出来。如痴如醉的钻研使他的进步神速，时隔不久，他就攻到了数学领域的前沿阵地。

1821 年，刚进入奥斯陆大学的阿贝尔便全身心投入到数学研究之中。功夫不负有心人，3 年后，他找到了不能用根式求解五次方程的原因，并写成论文。遗憾的是这篇划时代的论文并未引起数学界的注意。但阿贝尔并未灰心，自费印刷了证明五次方程不可解的论文邮寄给高斯，希望能得到数学巨人的接见。令人惋惜的是，一生勤勉的高斯，虽有许多伟大的数学发现，却错过发现这个伟大的数学天才的机会。至死他都没打开阿贝尔寄来的论文。

但凡伟大的科学家都有愈挫愈勇的精神，阿贝尔同样如此。1826 年，满怀数学热情的阿贝尔前往数学家云集的巴黎，结识了当时著名的数学家勒让德和柯西等人，并在他们的建议下开始研究椭圆积分。同年，他给法国科学院写了一篇关于椭圆积分的论文，但结果石沉大海，他只好再回柏林。次年，贫病交迫的阿贝尔为了生计回到了故国挪威，靠做家庭教师维持生活。

1828 年，阿贝尔发表的论文终被法国数学界肯定，并获得空前的热应。得知阿贝尔已回挪威后，四名法国科学院院士联名上书给挪威国王，要求寻找他，并建议国王将其调入皇家科学院工作。阿贝尔的命运眼看就要出现转机，但这一切来得太迟了。1829 年 4 月 6 日，贫困交加的阿贝尔在挪威弗鲁兰病逝，年仅 27 岁。一代天才数学巨星过早病逝，这是整个数学界难以弥补的损失。

阿贝尔的人生虽然短暂，但他在许多方面都有建树。除了五次方程之外，阿贝尔还研究无穷级数和具有交换的伽罗瓦群方程。在研究无穷级数中，他得到的判别准则和幂级数求和的定理，推动了分析学严格化的进程。人们为了纪念他在这方面的贡献，称这种交换群称为"阿贝尔群"。他还是公认的椭圆函数论的奠基者。他把椭圆积分的反演引入了椭圆函数，并发现了椭圆函数加法定理、双周期性，并在此基础上证明出了阿贝尔定理。

阿贝尔在函数、方程领域所做的研究为数学的发展开拓了更为广阔的道路，并对数学的其他分支产生了深远的影响。著名数学家 C. 埃尔米特曾说：阿贝尔留下的思想可供数学家们工作 150 年。

2003 年，为了纪念这位天才数学家 200 周年诞辰，挪威政府特设立了世界上奖金最高的数学奖——阿贝尔奖。阿贝尔的大名也因这个大奖更加为人们所熟知。

追寻布尔的脚步

英国著名的数学家，逻辑代数的创始人布尔 1815 年 11 月 2 日出生在一个鞋匠家庭，从小家境贫寒，为生活所迫，几乎没有接受正规的学校教育。但他天资聪慧，自学了很多知识，尤其是在数学上的成绩，远远超出了他的同龄人。

16 岁就进入一家私立学校当数学老师后，布尔一边教学一边自学高等数学。在这期间，他研读了牛顿的《自然哲学的数学原理》和拉格朗日的《解析函数论》等一系列数学名著。4 年后他自己开办一所学校，但并没有放弃对数学的研究。

布尔在数学上的最大贡献是用一套符号来进行逻辑演算。大约在几百年前莱布尼兹曾经做过这方面的尝试，它通过选择把那些符号作类似于代数那样的运算。当布尔在研究莱布尼兹的著作时，发现用符号不但可以按照固定的规则来处理，而且还能得出合乎逻辑的结果。于是布尔想：如果把这些符号系统起来，像代数符号一样进行运算岂不是更好。接下来，布尔就沿着这个目标开始深入研究。

1839 年，布尔的生活环境有了好转，他希望申请入剑桥大学接受高等教育，于是咨询他的朋友《剑桥大学期刊》的主编格雷格里。但他劝布尔不要把自己的全部精力集中于学位考试的训练中，否则自己很可能被淘汰了。于是布尔放弃了进剑桥大学求学的念头，开始集中精力于逻辑代数方面的研究。

数年的汗水终于得到了回报。1847 年，布尔出版了他的名著《逻辑的数学分析》，创造一套符号系统，建立了一系列的运算法则，初步奠定了数理逻辑的基础，并为百年之后的计算机产生奠定了数学方法和理论基础。

1854 年，布尔发表《思维规律的研究》，从而创立了一门全新的学科——布尔代数。由于布尔出色的成就，1849 年，都柏林大学和牛津大学授予布尔名誉博士学位。不久，他被聘为爱尔兰大学教授，1857 年当选英国皇家学会会员并荣获英国皇家奖章。

荣誉并没有让布尔丝毫怠慢，他依然风雨无阻地坚持去学校授课。在一次去学校途中，因遭雨淋，引发肺炎，一月后，布尔于 1864 年 12 月 8 日卒于爱尔兰的科克，年仅 49 岁。